SPHINX

Das Buch

Dieses Buch hat nicht nur die Absicht, mit exotischen Kochrezepten zu versorgen. Es gibt vielmehr einen umfassenden Einblick in den kulinarischen Alltag Tibets, der auch die Lebensumstände und Gewohnheiten der tibetischen Bevölkerung miteinbezieht. So werden bei der Beschreibung der Rezepte immer auch interessante Züge tibetanischer Kultur und Denkungsart mitskizziert, angefangen bei den widersprüchlichen Überlegungen zum Fleischgenuss, über die streng gegliederte Gesellschaftsordnung bis zu den Anschauungen über Leben und (kulinarische) Bedürfnisse der Toten, der Götter und der Dämonen.

Die Autorin

Alexandra David-Néel, 1868 in Paris geboren, studierte dort an der Sorbonne und am Institut für orientalistische Sprachen. Gleichzeitig studierte sie Gesang und Musik, weil sie eigentlich Sängerin werden wollte. Die bedeutende Orientalistin und Schriftstellerin bereiste Asien während mehr als drei Jahrzehnten. In Tibet, wo sie sich die meiste Zeit aufhielt, wurde sie in verschiedene esoterische Praktiken eingeweiht und als wahrscheinlich erste Europäerin in den Stand eines Lama erhoben. Alexandra David-Néel starb 1969 im Alter von 101 Jahren.

Alexandra David-Neel

Leben in Tibet

Kulinarische und andere Traditionen aus dem Lande des ewigen Schnees

SPHINX

Aus dem Französischen
von Thomas Meyer

CIP- Titelaufnahme der Deutschen Bibliothek
David-Néel, Alexandra:
Leben in Tibet · kulinar. u. a. Traditionen aus d. Lande
d. ewigen Schnees/Alexandra David-Néel
[Aus d. Franz von Thomas Meyer]. – Basel: Sphinx, 1989.
(Sphinx pocket; 24)
Einheitssacht.: Vivre au Tibet ‹dt.›
ISBN 3-85914-324-7
NE: GT

1989 3. Auflage

Originaltitel: Vivre au Tibet
Gestaltung: Charles Huguenin
Umschlagszeichnung: Roland Jung
Herstellung: Clausen & Bosse, Leck
Printed in Germany
ISBN 3-85914-324-7

Inhalt

VORWORT

Das bisher unveröffentlichte Manuskript von Alexandra David-Neel trägt den Titel «Gargantua im Lande des ewigen Schnees»; es wird von der Autorin mit folgenden Worten eingeleitet:

«Das vorliegende Buch hat nicht bloss die Absicht, die Hausfrauen mit exotischen Küchenrezepten zu versorgen. Es möchte vielmehr einen umfassenden Einblick in die tibetanische Ernährungsweise vermitteln, was natürlich nicht möglich ist, ohne zugleich mit dem Gebiet der Völkerkunde in Berührung zu kommen».

So werden bei der Beschreibung der Rezepte immer auch interessante Züge tibetanischer Kultur und Denkungsart mitskizziert, angefangen bei den widersprüchlichen Überlegungen zum Fleischgenuss, über die streng hierarchisch gegliederte Gesellschaftsordnung bis zu den Anschauungen über Leben und (kulinarische) Bedürfnisse der Toten, der Götter und der Dämonen.

Die beiden französischen Herausgeberinnen M. M. Peyronnet und M. M. Viré sahen sich veranlasst, hier und dort die Kapitel dem Grundgedanken entsprechend neu zu strukturieren oder kürzer zu fassen und haben das Werk deshalb unter einem neuen Titel herausgebracht. In dieser bearbeiteten Form war es auch die Grundlage für die deutsche Übersetzung.

EINFÜHRUNG

Die Tibetaner sind grosse Esser und vor allem grosse Trinker. Wenn sie trotzdem einfach leben, so ist das weniger, weil sie daran etwa Geschmack fänden, sondern weil ihnen die Mittel fehlen, um ihre Neigung zum Wohlleben zu befriedigen. Eine Ausnahme macht jedoch eine intellektuelle Elite von bestimmten Mönchen und Einsiedlern, die entweder aus Gleichgültigkeit gegenüber den Freuden der Sinne oder aus Gründen der religiösen Disziplin, eine strenge Enthaltsamkeit einhalten.

Ihr Hang zur Völlerei hat die Tibetaner hingegen nicht dazu geführt, eine besonders raffinierte Kochkunst zu entwickeln. Ihre Küche ist wenig abwechslungsreich, denn alle Tibetaner ernähren sich im Grunde auf dieselbe Art und Weise. Wenn es dennoch Verschiedenheiten gibt, so rühren diese von der Vielfalt der Bodenerzeugnisse der verschiedenen Landesregionen her (Wüstenhochebenen, schnee- und eisgekrönte Berge, heisse Täler in Kongbou, Pomèd, Tsawa-rong usw.). Der eigentliche Unterschied zwischen den Menus der Reichen und denjenigen der Armen besteht in der Anzahl der Gerichte und in der mehr oder weniger grossen Menge, in der diese bei den täglichen Mahlzeiten serviert werden.

Es ist allerdings zu beachten, dass die tibetanischen Gourmets zu ihren einheimischen Speisen eine ganze Reihe aus China importierter Gerichte Gewürze hinzufügen, die aber viel zu teuer sind, um für die grosse Masse des Volkes erschwinglich zu sein.

Was die Getränke betrifft, so trinken die Tibetaner vor allem Tee. Daneben werden aber auch gerne starke Getränke genossen, so dass es nicht verwunderlich ist, dass eine stattliche Anzahl von Tibetanern aus unverbesserlichen Alkoholikern besteht. Sie übertreten natürlich die Vorschriften des buddhistischen Gesetzes, das den Genuss von Getränken oder Drogen verurteilt, die Trunkenheit oder abnorme Erregungszustände hervorrufen können, ebenso wie es auch den Genuss von Fleisch verbietet, welches jedoch von den meisten Tibetanern trotzdem gegessen wird.

Die Getränke

Der Tee

Der Tee, den die Tibetaner trinken, stammt aus China. Zunächst wird er ans äusserste Ende der Provinz Szetchouan in die Stadt Yatchou gebracht. Dort wird der zu grossen Blöcken gepresste Tee in lange Bambuskörbe verpackt, die bis in die jüngste Zeit hinein noch auf Menschenrücken von Yatchou nach Tatsienlou, das bereits in Tibet liegt, durch das Gebirge transportiert wurden. In Tatsienlou eingetroffen, werden die Bambuskörbe auf Yaks geladen, sofern der Tee für die nähergelegenen Gebiete, die in ein paar Marschwochen erreicht werden können, bestimmt ist. Wenn der Tee jedoch nach Lhasa oder Zentraltibet gebracht werden soll, wird er aus den Körben herausgenommen und sehr satt in frische Häute eingenäht. Diese Häute ziehen sich beim Trocknen zusammen und werden dadurch zu einer Verpackung, die fast so hart wie Holz und vollkommen wetterfest ist. So kann der Tee während einer Reise von mehreren Monaten in gutem Zustand gehalten werden.

Die Zubereitung des Tees

Während der Tee, den wir im Westen kennen, aus kleinen bis sehr kleinen Blättern besteht, ist der für Tibet bestimmte Tee, selbst wenn es sich um solchen erster Qualität handelt, aus viel grösseren Blättern zusammengesetzt. Für den erstklassigen Tee werden die Sträucher viel weiter unten abgerupft als dies für unseren Tee der Fall ist. Will man Tee zweiter Qualität gewinnen, werden die Sträucher selbst geschnitten, und anstatt die Blätter von den feinen Ästen zu entfernen, trennt man diese mitsamt den Blättern ab. Der zweitklassige Tee enthält also nicht nur grössere und ältere Blätter als der erstklassige, sondern auch noch einige kleine Zweige. Für den Tee dritter Qualität werden die Sträucher noch viel weiter unten abgeschert, was eine Mischung von sehr harten Blättern mit einer anständigen Menge Astholz ergibt.

Der Tee der Tibetaner wird nicht wie der Schwarztee geröstet; die Blätter werden stattdessen in Schuppen oder an anderen verschlossenen Örtlichkeiten oder ganz einfach an der Luft getrocknet. Wenn er vollständig getrocknet ist, wird er maschinell gepresst, bis die bereits erwähnten sehr harten Blöcke entstehen. Sie sind gewöhnlich 20 bis 30 cm lang und bei der ersten Qualität etwas weniger breit. Je mehr sich die Qualität verschlechtert, um so grösser werden die Blöcke. Im übrigen bezeichnen die Tibetaner den Tee aufgrund der Qualität und nicht des Herkunftsorts wie die Chinesen: Es gibt Dou Tang, erste Qualität; Dou Gni, zweite Qualität; und Dou Soum, dritte Qualität. Drittklassiger Tee wird jedoch sehr oft auch als zweitklassiger verkauft und serviert. Die Käufer fallen auf diese Betrügerei natürlich kaum herein. Das hält sie aber nicht davon ab, das selbe nur allzu gerne mit ihren Gästen anzustellen; die Höflichkeit verlangt ja ohnehin, dass diejenigen, die den Tee trinken, so tun, als ob sie die Mittelmässigkeit des Getränks, das man ihnen serviert, nicht bemerken würden.

Die Tibetaner bereiten ihren Tee folgendermassen zu: man bricht ein Stück vom hartgepressten Teeblock ab, gibt es in kochendes Wasser und lässt es längere Zeit kochen. Oft wird der Tee aber auch bereits am Vorabend einmal aufgekocht oder die Nacht über in warmes Wasser gelegt. Der Sud, den man erhält, heisst Tchathang und ist etwa so dunkel wie schwarzer Kaffee. Bevor man ihn geniesst, wird er noch mit heissem Wasser verdünnt. Dann fügt man noch etwas Soda hinzu; dadurch hellt er sich auf, bis er die Farbe verwelkter Rosen bekommt. Die reichen Leute pflegen ihren Tee ausserdem noch einzubuttern, und zwar auf folgende Weise: man schüttet kochendes Wasser in ein Butterfass, dann kommen einige Kellen Tchathang mit Butter und Salz dazu. (Wenn man anstelle des Tchathang leichteren Tee verwendet, fügt man kein Wasser mehr dazu.) Das Ganze wird durcheinandergemischt, bis sich Butter und Flüssigkeit vollständig durchdringen. Wenn das Einbuttern beendet ist, wird der Tee durch ein Sieb, das alle noch zurückgebliebenen Blattbestandteile aussondert, in die Teekanne gegossen.

Der Sud wird den ganzen Tag über in einer Herdnische bereitgehalten. Sollten plötzlich Gäste erscheinen, muss er nur noch eingebuttert und aufgewärmt werden und kann so bereits nach wenigen Minuten serviert werden. Während der übrigen Zeit wird der Tee in einer Kanne auf einem Kohlenofen über der Glut warmgehalten, aber er wird niemals zum Sieden ge-

bracht, denn dadurch würde sein Geschmack verlorengehen. Bei den Mahlzeiten und im Verlauf des Tages wird er lauwarm getrunken.

Leute mit bescheidenen Mitteln oder solche, die den kulinarischen Vorbereitungen nicht viel Zeit widmen können, kochen ihren Tee weniger lang und gebrauchen weniger Blätter. Sie trinken den Sud, der leichter und von hellerer Farbe ist, unverdünnt und ohne Zutaten.

Der Tee wird immer aus einer Schale getrunken. Wenn die soziale Stellung es verlangt, steht sie auf einer Untertasse und ist mit einem überhängenden, pagodenförmigen Deckel zugedeckt. Beim Trinken darf man die Schale weder berühren noch aus der Untertasse heben. Um zu vermeiden, dass die Schale ins Wanken gerät, wenn man die Untertasse an die Lippen führt, ist diese in der Mitte mit einer leichten Höhlung versehen, in der der Fuss der Schale festgehalten wird.

Jeder Tibetaner, wie arm er auch sein mag, besitzt seine eigene Teeschale. Es gibt solche aus Holz, aus rohem Steingut, aus Kupfer, Zinn, Chinaporzellan und Jade. Untertassen und Deckel können aus Zinn, Kupfer, Silber oder Gold sein. Sie sind entweder unbearbeitet oder auf mannigfache Art von geschickten Goldschmieden, von denen aus Dergé im Lande Khams die berühmtesten sind, ziseliert. Oft schmücken sinnbildliche Darstellungen wie die der «acht günstigen Vorzeichen» (der kostbare Sonnenschirm, der Goldfisch, die Vase mit dem Schatz, die vorzügliche Lotosblume, die weisse Muschel mit den nach rechts laufenden Windungen, die Liebesleine, das Siegesbanner und das goldene Rad) Deckel und Untertassen, wobei sie entweder ins Metall einziseliert oder reliefartig herausgetrieben sind. Manchmal sind auch Türkissteine, Perlen oder Korallenstücke eingefügt.

Die Vielfältigkeit der Schmiedearbeiten ist ein Zeugnis für den wichtigen Platz, den diese Gegenstände im tibetanischen Haushalt einnehmen und der infolgedessen auch dem Tee selbst zukommt.

Den Gästen, die in der sozialen Hierarchie am höchsten stehen, wird der Tee in einer mit Untertasse und Deckel versehenen Schale gereicht. Diejenigen in einer bescheideneren Position erhalten eine Schale mit Untertasse, aber ohne Deckel, und solche in einer noch niedrigeren sozialen Stellung müssen sich mit einer Schale, die weder Untertasse noch Deckel hat, zufrieden geben.

Auch die im allgemeinen sehr hohen Teekrüge weisen eine grosse Vielfalt auf. Man trifft Krüge aus Erde, Kupfer, Zinn, Bronze, Silber und sogar solche aus Gold an. Auch sie sind auf tausenderlei Arten verziert.

Meine erste Erfahrung mit der tibetanischen Gastronomie machte ich, als ich diesen Tee trank.

Der Dalai Lama[1] hatte sich bereit erklärt, sich mit mir über Fragen zu unterhalten, die mit der Religion seines Landes zusammenhängen. Wie ich erfuhr, sollte mir in seiner Gegenwart Tee serviert werden. Ich freute mich natürlich sehr über diese Einladung. Sie stellte eine schmeichelhafte Ausnahme dar, denn bis zu diesem Tag hatte es das kirchliche Oberhaupt von Tibet immer abgelehnt, Frauen weisser Hautfarbe zu empfangen. Und zweifellos bin ich auch die einzige geblieben, mit der er sich, in der folgenden Zeit sogar mehrmals, unterhalten hat. Ich war deshalb ganz ausser mir vor Freude. Von einem solchen Anfang konnte ich mir für meine Forschungen, die ich als Orientalistin in Tibet betreiben würde, nur Gutes versprechen. Der Zugang zur Welt der Gebildeten und der Mystiker des «Landes des ewigen Schnees» ist dem Fremden nämlich im allgemeinen versperrt: Tibet ist ein verbotenes Territorium; das Verbot ist zwar nicht gesetzlicher Natur, was es aber nur noch schwieriger macht, es zu umgehen. Eine Unterhaltung mit dem Dalai Lama bedeutete somit ein einmaliges Ereignis, das mir wohl sicher eine ganze Menge Hindernisse aus dem Weg räumen dürfte. Dennoch wurde meine Freude von einer schrecklichen Sorge verdüstert: nämlich der Aussicht auf den Tee, den ich in Gegenwart des Regenten trinken sollte. Natürlich würde dieser Tee auf tibetanische Weise zubereitet werden, d. h. reichlich gebuttert, gesalzen und mit Soda versüsst. Was ich bei den westlichen Schriftstellern über dieses Getränk gelesen hatte und was mir von Fremden, die es getrunken haben, erzählt wurde, konnte in mir nur Angst hervorrufen. «Eine ekelerregende Mischung», erklärten sie einstimmig. Man könne kaum einen Löffel hinunterschlucken, ohne dass man spüre, wie sich einem der Magen umdrehe. Aber trinken musste ich ihn ja... Was würde auf mich zukommen?

Da kam ich auf die Idee, ein Experiment zu machen. Ich suchte einen gebildeten Tibetaner auf, der an der Grenze wohnte und eine englische Erziehung genossen hatte. Ich vertraute ihm die Sorge, die mich quälte, an, wobei ich mir aus Höflichkeit äusserlich kaum etwas anmerken liess. «Lassen Sie mich tibetanischen Tee probieren», bat ich ihn. Nichts leichter als das. Eine kleine Schale aus Chinaporzellan wurde vor mich hingestellt. Sie wirkte etwas eingeengt zwischen der Untertasse und dem silbernen Deckel, der oben einen Korallenkopf besass. Ich führte die Untertasse mit der Schale an die Lippen. Der entscheidende Augenblick war gekommen. Ich brauchte mich übrigens vor meinem Gastgeber keineswegs zu zieren und konnte, was über einen Schluck hinausging, offen zurückweisen oder sogar ausspucken, falls mir das Getränk zu ekelhaft erscheinen würde.

Was ich probierte, hatte nicht sehr viel mit Tee zu tun. Vielmehr erinnerte der Geschmack an eine Suppe. Eine klare, fettige, aber köstliche Suppe. Ich leerte meine Schale, man füllte sie wieder. So trank ich hintereinander drei ganze Schalen aus.

«So, jetzt sind Sie eine Einheimische geworden», sagte der englisch gekleidete Tibetaner lachend. «Schmeckt er Ihnen?»

«Ausgezeichnet.»

«Ich bin froh, dass Ihnen unser Nationalgetränk behagt, denn von jetzt an werden Sie es öfters trinken müssen. Manchmal trinken wir den Tee auch mit Milch und Zucker, aber das ist nur eine Laune. Es geht nichts über unseren einheimischen Tee.»

Am folgenden Tag trank ich den Tee, der mir in Gegenwart des Dalai Lama serviert wurde, mit unerschütterlicher Miene. Ein Kammerdiener fragte mich, ob ich den tibetanischen Tee gut fände. Ich konnte in aller Aufrichtigkeit antworten, dass ich ihn ausgezeichnet fand. Der «Teure Beschützer» lächelte belustigt, und während meines etwa einmonatigen Aufenthalts in der Nähe seiner Residenz liess er mir jeden Nachmittag eine riesige Kanne mit gebuttertem und gesalzenem Tee bringen!

Das Bier

Obwohl die Tibetaner Alkohol verschiedener Stärkegrade aus China einführen, darunter etwa den berüchtigten Ta-Tchou, stellen sie natürlich auch ihren eigenen Alkohol her, und zwar je nach Gegend Bier, Reisbier oder Schnaps. So ist in Zentraltibet der Schnaps neben dem Tee das übliche Getränk, während in den an Indien angrenzenden Gegenden und in den kleinen Staaten des Himalajagebietes, deren Bewohner zur tibetanischen Rasse gehören, Bier hergestellt wird.

Man kocht Gerste und Hirse und trocknet sie dann teilweise an der Luft. Gesalzen und mit Tchoung Tsi (getrockneter Hefe) vermischt wird das Ganze zu einem Klumpen geformt und der Gärung überlassen. Manchmal fügt man der Hefe Pfefferpuder bei. Nun gibt man etwas vom gegorenen Korn in ein längliches, schmales Holzgefäss, das zumeist aus dickem Bambus besteht und gelegentlich kupferne oder silberne Reife oder andere Verzierungen trägt. Dann giesst man heisses Wasser über das Korn. Die Feinschmecker fügen noch Zucker hinzu. Nach kurzer Zeit ist das Bier fertig. Es wird nicht wie der Tee direkt aus Schalen getrunken, sondern in lauwarmem Zustand durch ein Rohr eingesogen.

Erstklassiges Bier wird aus aufgeschichtetem und bis zu zwei Monaten zugedecktem Korn gemacht. Wenn dieses trocken geworden ist, wird es in Körben aufbewahrt, aus denen man es je nach Bedarf wieder herausnimmt. Natürlich hängt die Stärke des Getränks von der Dauer der Zeit ab, während der das Korn in Gärung war. Aber im allgemeinen wird ein relativ wenig alkoholhaltiges Bier bevorzugt.

Der Schnaps

Der Schnaps wird wie das Bier aus Hirse oder Gerste hergestellt und mit Hilfe von verhältnismässig primitiven Destillationskolben gebrannt.

Zunächst gibt man fermentiertes Getreide in einen Kessel mit Wasser. Es muss genau so viel Wasser darin sein, dass es ziemlich lange sieden kann, ohne dass das Korn anbrennt oder austrocknet; aber es darf auch nicht darin schwimmen. Das Korn wird solange gekocht, bis es eine ziemlich feste Masse bildet. Mit sicherem Handgriff wird nun eine Schale daraufgesetzt; sie wird später das Destillationsprodukt auffangen. Danach befestigt man ein ausgehöhltes, meist irdenes Rohr am Kesselrand und dichtet den Kessel so ab, dass keine Luft eindringen, aber der Dampf entweichen kann. Dieses Rohr ist oben mit einem kupfernen Deckel versehen, der hermetisch schliessen muss und die Form eines hohlen Kegels besitzt. Seine Spitze ist durch das Rohrinnere nach unten gerichtet, so dass sie sich genau über der Schale befindet. Sobald der Kessel erhitzt wird, steigt der beim Kochen entstehende Dampf das Rohr hinauf, kondensiert am Deckel, in dem sich etwas Wasser befindet, rinnt an dessen Aussenseiten zur Spitze des Kegels hinunter und fällt tropfenweise in die für die Flüssigkeit vorgesehene Schale. Der Schnaps, der sich darin ansammelt, ist von bester Qualität. Wenn man den Vorgang weiterführt, indem man je nach Bedarf Wasser auf das trocken werdende Korn giesst, erhält man zweit- und drittklassigen Schnaps. Letzterer ist allerdings nicht sehr beliebt, da er nur sehr schwach ist.

Die Armen, die ihre Not durch Einfallsreichtum wettmachen müssen, umgehen den Kauf eines speziellen Rohrs für ihren armseligen Destillierkolben, indem sie ihn nämlich durch einen ausgedienten, durchlöcherten Kochtopf ersetzen, den sie auf dem Kessel befestigen und ebenfalls mit einem Kupferdeckel versehen. Im Gegensatz zu Bier wird der Schnaps aus Schalen getrunken, die etwa gleich gross wie unsere Teetassen sind.

Der Schnaps ist ein typisches Männergetränk. Frauen trinken ihn höchstens bei einem besonderen Festessen.

Das Reisbier

Was seine Stärke betrifft, so liegt das Reisbier ungefähr zwischen dem gewöhnlichen Bier und dem Schnaps. Es wird auf folgende Weise gebrannt: die leicht gekochten Reiskörner werden mit Hefe vermischt und in einen dicht schliessenden Topf gegeben, in den keine Luft eindringen kann, weil das Getränk sonst sauer oder scharf wird. Nach kurzer Zeit erhält man einen halbgegorenen, süss und sehr angenehm schmeckenden Reis, der oft als Leckerbissen gegessen wird. Um Reisbier herzustellen, lässt man ihn nun einfach während mehrerer Wochen im abgedichteten Topf, gibt ihn schliesslich in einen Krug und übergiesst ihn mit heissem Wasser. Je nach Belieben kann nun noch geschmolzene Butter beigefügt werden, die in einer Pfanne angebräunt und, sobald sie zu kochen beginnt, mit dem Reisbier übergossen wird. Bei starkem Umrühren lässt man beides noch eine Zeitlang weiterkochen. Das gebutterte Reisbier gilt als besonders kräftiges Getränk. Es wird zum Beispiel den Frauen im Kindbett als Stärkungsmittel verabreicht.

DIE GETREIDESPEISEN

Tsampa und Pa

Als Grundlage für einige der verbreitetsten tibetanischen Hauptspeisen wird die Tsampa, d. h. geröstetes Gerstenmehl (in wenigen Gegenden auch geröstetes Hafer- oder Erbsenmehl) verwendet. Die Tsampa wird meistens auf die beiden folgenden Arten zubereitet:

Für die gewöhnliche Tsampa wird die Gerste zuerst einmal von kleinen Steinchen und anderen Fremdkörpern, die sich darin befinden, gereinigt, anschliessend gewaschen und getrocknet. Dann schüttet man sie in grosse Eisenpfannen, in die man sehr oft etwas Sand streut, um zu vermeiden, dass die Gerste anbrennt. Man lässt sie leicht anrösten, so dass die gelbe Frage noch erhalten bleibt. Wenn sie genügend geröstet ist, schüttelt man sie auf einem Sieb, bis der Spreu, der sich beim Austrocknen gelöst hat, und der Sand entfernt ist. Danach wird die Gerste gemahlen.

Die bessere Tsampa wird aus Gerste hergestellt, die bereits vor dem Rösten in einem Mörser so lange zerrieben wird, bis sich die Schalen lösen und sie leuchtendweiss wie unser Reis wird. Erst dann wird sie geröstet und gemahlen. So erhält man eine sehr feine und schmackhafte Tsampa.

Die Tsampa wird manchmal in Holzkisten aufbewahrt, meist aber in Säcken, die es in einer grossen Auswahl in Leder und Gewebe gibt. Da gibt es solche aus rotem Saffian oder mit Mustern verzierte in kräftigem Blau. Wieder andere aus mehrfarbigem Leinen, mit Arabesken, Quadraten, Rhomben oder einfach mit Streifen verziert, die zum Gewebe einen Kontrast bilden. Es gibt auch ganz kleine Säcke, die mit Gold- oder Silberstoff durchwoben sind und kaum mehr als die Menge Tsampa enthalten, die für eine Mahlzeit gebraucht wird. Im allgemeinen

gehören sie Frauen oder kirchlichen Würdenträgern. Wenn sich diese zwischen den zwei Teilen des morgendlichen Gottesdienstes in den Versammlungshallen einfinden, wird ihnen immer Tee serviert. Nun giessen sie etwas davon über die Tsampa, die sich in ihrem Sack befindet und kneten Tsampa und Tee, bis ein relativ trockener Teig entsteht. Meist wird der Teig dann noch zu einem längliche Kloss geformt: dies ist die sogenannte Pa.

Mit Ausnahme der Würdenträger sparen sich die sozial hochgestellten Leute jedoch die Mühe, ihre Tsampa selbst weichzukneten und überlassen dies einem Diener. Im allgemeinen wird die Pa aber statt unmittelbar im Tsampasack in einer Schale zubereitet. Der durchschnittliche Tibetaner verwendet dafür dieselbe Schale, aus der er seinen Tee getrunken hat. Aber diejenigen aus sozial höheren Schichten nehmen eine neue. Die Zubereitung geschieht folgendermassen: Man schöpft ein paar Handvoll Tsampa aus dem Sack und füllt damit die Schale, in der schon etwas Tee ist. Die Tsampa steigt bis zum Rand und bildet einen kleinen Hügel. Während man die Schale in der linken Hand hält, drückt man den Zeigefinger der rechten Hand leicht in das Mehl und rührt sorgfältig um, und zwar von rechts nach links. Dabei darf nichts über den Rand der Schale verschüttet werden, denn das wäre ein grober Verstoss gegen die kulinarischen Umgangsformen. Selbst die Bettler sind imstande, dies geschickt auszuführen. Wenn das Mehl anfängt, einen Klumpen zu bilden, nimmt man den Mittelfinger zu Hilfe, um es zu bearbeiten. Und wenn es noch fester geworden ist, taucht man auch noch den Ringfinger hinein. Je nach Belieben können während des Umrührens Butter, geriebener Käse und Puderzucker hinzugefügt werden. So erhält man schliesslich einen sehr trockenen Teig, den man aus der Schale herausnimmt und mit der rechten Hand zerstösst, bis er die gewohnte längliche Form bekommt.

Die Tsampa wird vor allem als Pa gegessen und entspricht in dieser Form etwa unserem Brot, denn ein eigentliches, gebackenes Brot kennen die Tibetaner nicht.

Sie kann aber auch zur Zubereitung von diversen anderen Speisen verwendet werden. Man kann zum Beispiel etwas Tsampa zusammen mit Milch oder Rahm in eine Schale geben und so lange umrühren, bis ein dicker Brei entsteht. Sehr häufig wird sie auch mit Cho gemischt. Das ergibt ebenfalls einen Brei, der mit dem Löffel und hauptsächlich von Kindern und Greisen gegessen wird.

Der Reis

Im grössten Teil Tibets ist der Reis ein Luxusnahrungsmittel. Je nach Gegend wird er aus China oder Indien eingeführt. Eine Reisart, die in unseren Ländern fast unbekannt ist, in Tibet aber sehr oft gebraucht wird, ist der Bergreis, der trocken wächst, im Gegensatz zum gewöhnlichen Reis, der in den unter Wasser gesetzten Reisfeldern angebaut wird. Seine Spreu ist meist etwas rötlich, und er schmeckt weniger fade als der im Wasser gewachsene Reis. Allerdings haben die in den niedergelegenen Hängen des Himalaja wohnenden Tibetaner nun vor nicht langer Zeit damit begonnen, bewässerte Reisfelder anzulegen, eine Anbautechnik, die sie von den Nepalesen übernommen haben. Bisher hatten sie sich damit begnügt, jeweils einige Hektaren Wald zu verbrennen, um danach Reis anzusäen. Der auf eine solche Weise wachsende Reis liess sich aber nicht umsetzen.

Mit wenigen Ausnahmen haben alle Tibetaner Reis gern. Nur ist sein Preis wegen des langwierigen Transports auf Yaks oder Mauleseln so hoch, dass sich die weniger bemittelten Leute einen häufigen Genuss nicht leisten können. Es gibt aber nur wenige Tibetaner, denen eine gewohnheitsmässige Reiskost ohne Tsampa zusagen würde.

Der gekochte Reis

Im allgemeinen wird der Reis vor dem Kochen gewaschen. Die Bewohner von kleinen Himalajastaaten, z. B. von Sikkim, haben aber die unsaubere Gewohnheit, dies zu unterlassen. Und so wird er manchmal auch erst gewaschen, wenn er bereits halbgar gekocht ist, und zwar auf folgende Weise: man schüttet das Kochwasser weg, giesst sauberes kochendes Wasser in den Kochkessel und lässt den halbgaren Reis schliesslich auf einem Sieb abtropfen. Dann gibt man den Reis, der noch warm und in feuchtem Zustand ist, in denselben Topf zurück, in dem er gekocht hat. Der Kochtopf wird gut zugedeckt und in eine Ecke des Herdes gestellt, wo der Reis im Dampf fertig kocht. In den nordöstlichen Grenzgegenden schüttet man ihn statt in denselben Topf, in dem er bereits gekocht hat, in einen Holzkübel, der mit einem Deckel hermetisch abgedichtet ist. Der Kübel wird nun über eine lauwarme Ecke des Herds gehalten, und der Reis wird ebenfalls in seinem eigenen Dampf fertig gekocht. Dies ist ein von den Chinesen übernommenes Verfahren.

Der Reis wird meistens mit Tses gegessen. Manchmal wird er mit Saucen bereichert oder mit in Butter gebackenem Käse serviert.

DAS FLEISCH

Die «Philosophie» des Fleisches

Es gibt kaum Vegetarier in Tibet, abgesehen von einer relativ kleinen Zahl streng religiöser Männer und Frauen. Im allgemeinen handelt es sich um Einsiedler, die das buddhistische Gesetz, das verbietet, Tiere zu töten, streng befolgen. Aber auch einige wenige Laien (Männer oder Frauen) leben von Kar Tcheu (weissen, d. h. reinen Nahrungsmitteln). Ihre Diät besteht aus Milch, Butter, Käse, sämtlichen Getreidespeisen aus Korn oder Mehl und aus Gemüse und Früchten.

Ihren Fleischgenuss versuchen die restlichen Tibetaner indessen in keiner Weise zu entschuldigen. «Es ist uns verboten zu töten», erklären sie. «Wenn man Fleisch essen will, muss man die Tiere töten. Wir machen uns also schuldig, wenn wir sie essen.» Aber dieses Schuldgefühl scheint ihnen nicht allzu grosse Sorgen zu bereiten. Wenn sie dazu die entsprechenden Mittel haben, sind sie nämlich ausserordentlich tüchtige Fleischesser.

Einige merkwürdige Ansichten findet man bei denjenigen Tibetanern, die Anhänger der tantrischen Lehren sind.

«Wohin geht die Substanz von dem, was wir unserem Magen zuführen?», so fragen sie sich. «Sie geht in uns hinein, verleibt sich unserem Wesen ein, wird zu Fleisch, Blut und Knochen. Dann entsteht ein ‹Geist›, denn das Geistige stammt aus dem Physischen oder zumindest beeinflusst das Physische das Geistige, das dann seinerseits wieder auf das Physische zurückwirkt. Das Tierische (und ebenso das Pflanzliche), das wir essen, wird vollständig oder teilweise verarbeitet; nach dem Essen sind die Stoffe, aus denen das Tier aufgebaut ist, immer noch in uns drin. Sie leben in uns weiter, zwar im Wettstreit mit vielen anderen Stoffen, aber sie sind da. Bedeutet eine solche Wiederverkörperung vielleicht einen Fortschritt für das Tier, welches ja einen Organismus höherer Art ernährt hat? Denn die aktive Kraft, die den Menschen durch das Fleisch des Tieres vermittelt wird, kann von diesem in einer neuen Art verwendet werden, wozu es allein nicht imstande gewesen wäre. So würde also der Mensch sein Opfer auf eine höhere Schicksalsstufe befördern?»

Die Anhänger dieser Theorien fügen aber hinzu, dass man auch die umgekehrte Wirkung in Betracht ziehen muss. Die ein-

geführte Nahrung, die sich mit der Eigensubstanz des Menschen verbindet, bleibt nämlich nicht passiv. Auch sie enthält eine kämpferische Energie, die sich mit derjenigen Substanz misst, mit der sie gerade vereint worden ist.

Kurz: kann der Mensch den erhaltenen Kraftzuschuss dazu verwenden, sich selbst auf eine höhere Ebene zu erheben? Oder wird er im Gegenteil von den verarbeiteten Stoffen dazu getrieben, bestimmte Eigenschaften niederer Lebewesen, die ihm von diesen zugeführt wurden, selbst zur Erscheinung zu bringen? Um es noch einfacher auszudrücken: wird bei denen, die Fleisch essen, das Tier zum Menschen oder der Mensch zum Tier?

Die Tibetaner kommen zu folgender Schlussfolgerung: nur diejenigen Menschen können sich erlauben, Fleisch zu essen, die imstande sind, die rohen Impulse, die dadurch ausgelöst werden, zu beherrschen und die animalische Kraft, die sie sich einverleiben, derart umzuwandeln, dass sie sie zur Entwicklung von Tugend und Intelligenz gebrauchen können. So ist die Verantwortung jedem einzelnen überlassen.

Aber die gewöhnlichen Tibetaner schlagen sich nicht mit solchen komplizierten Theorien herum. Sie sagen sich einfach: das Fleischessen ist schlecht, weil es Leiden und Tod von Lebewesen verursacht, die genau wie wir leben und glücklich sein wollen. Aber wir haben das Fleisch gern, es erwärmt uns, wir wollen es essen. Deshalb töten wir Yaks und Schafe. Weil wir uns damit schuldig gemacht haben, müssen wir in diesem und in den zukünftigen Leben leiden. Das ist die Gerechtigkeit. Das ist die unzerreissbare Kette von Ursache und Wirkung.

Die Tiere

Von allen Tieren verdient der Yak besondere Beachtung.

Der Yak ist ein riesiges, rindähnliches Tier mit grossen Hörnern und einem dicken Pelz aus langen, meist schwarzen Haaren. Er hat Ziegenfüsse, und anstatt zu muhen, grunzt er wie die Schweine. Yak ist der Gattungsbegriff: das wildlebende Männchen und der Hausstier werden Dong genannt, während die Kühe Dis heissen. Die Kreuzung von Dongs mit nicht behaarten Kühen, oder umgekehrt, von nicht behaarten Stieren mit Dis, ergibt Zos (Männchen) und Zomos (Weibchen). Die Zos und Zomos vermehren sich untereinander und setzen so eine Zwitterrasse fort.

Yaks und Zos existieren in Tibet zu Tausenden; sie sorgen für den Transport von Waren und liefern auch, zusammen mit den Schafen und Ziegen, das Schlachtfleisch.

Die Jagd

In Tibet ist die Jagd im gesamten, unter der Herrschaft der Regierung von Lhasa stehenden Gebiet verboten.[2] Für gewisse von Lhasa weit entfernte Fürstentümer gilt dies jedoch nicht. Das in diesen Gebieten erlegte Hochwild – Wildschweine oder wilde Tiere wie Bären, Panther, Leoparden – muss aber in jedem Fall zum Gemeindevorsteher gebracht werden, der sich das Fleisch oder das Fett, manchmal auch beides zusammen aneignet. Diese Gesetze werden nur unter grossen Risiken und Gefahren seitens des Delinquenten übertreten. Denn wenn sie angezeigt werden, haben sie grausame Prügel und scharfe Bussen zu gewärtigen.

Das Wild

In den von Lhasa weiter entfernten Regionen, wo gegen das Jagdverbot verstossen werden kann oder in den von Lhasa halb oder ganz unabhängigen Fürstentümern gehört das Wild zur allgemeinen Nahrung. Das gilt jedoch nicht für das kleine Wild; es ist vielen Tibetanern zuwider, Hasen oder Geflügel zu essen. So halten sich die Jäger fast ausschliesslich ans Hochwild, d. h. an Rehböcke, wilde Ziegen, Wildschweine usw., deren Fleisch wie das Fleisch des Yak behandelt wird. Meistens wird es gekocht, gelegentlich auch grilliert. Es kann auch zuerst in Butter gebraten und dann in Bier oder Schnaps fertig gekocht werden.

In den wärmeren Gegenden kocht man das Wild gewöhnlich in Bambusrohren. Man zerschneidet das Fleisch, meist nur gerade die Portion für eine Person, in kleinere Stücke, und schiebt sie in einen dicken, frischen Bambus hinein, dessen eines Ende zugeschnürt wird. Man fügt Salz, Nelkenpfeffer und manchmal noch bestimmte Aromablätter hinzu und dichtet mit einem dicken das Fleisch zusammenpressenden Pfropfen aus Blättern ab. Nun wird der Bambus aufrecht ins Feuer gestellt. Die Kochzeit entspricht ziemlich genau der Zeit, die verstreicht, bis er Feuer zu fangen droht.

Auf dieselbe Weise können übrigens eine ganze Reihe anderer Dinge gekocht werden, z. B. Fisch und sogar Reis, bei welchem man allerdings noch Wasser in den Bambus geben muss. Ausserdem können Wild, Fleisch oder Fisch noch auf eine äusserst einfache Art gekocht werden: man wickelt das Fleisch in ein grosses Blatt und legt dieses unter glühende Asche.

Im Zusammenhang mit dem Brauch, Fleisch in Bambusholz zu kochen, ist noch eine ethnologisch aufschlussreiche Besonderheit zu erwähnen: Man spricht oft von der Vielmännerei in Tibet, während in Wirklichkeit die Vielweiberei vorherrscht, wenn auch die Monogamie in Ausbreitung begriffen ist. In der polygamen Familie können zwar alle Gattinnen legitim sein, woraus aber nicht folgt, dass sie im Haus auch alle den gleichen Grad von Macht besässen.

Bei den armen Bauern neigt das Familienoberhaupt auch heute noch dazu, bei den Mahlzeiten den Löwenanteil für sich in Anspruch zu nehmen. Und so haben eine junge Frau, die ihrem gerne despotischen Gemahl gegenüber schüchtern ist, und eine betagte herrische Gattin oft dieselbe Mühe, die Gefrässigkeit ihrer Kinder zu befriedigen. Manchmal gelingt es ihnen, die Produkte der Obsternte, d. h. Früchte oder wildes Gemüse, heimlich zu verkaufen und mit dem Erlös ebenso heimlich etwas Fleisch zu kaufen. Nun zündet die Mutter mitten im Urwald, umringt von zwei oder drei ihrer Kinder, ein Feuer an, steckt das Fleisch in einen Bambus und verteilt es nachher an die Kleinen, die, starr vor Begierde, den ganzen Vorgang genau beobachtet haben.

Das Schlachten der Tiere

Manche Tibetaner sind der Ansicht, dass es grausam ist, einem Tier die Kehle durchzuschneiden. Sie halten es für menschlicher, wenn man es erstickt. Zu diesem Zweck wird ihm mit einem starken Riemen Maul und Nase zugebunden. Andere Schlächter mit weniger Sinn für Mitleidsgefühle stossen ihrem Opfer ein langes Messer ins Herz. In den Himalajabergen wird ihnen stattdessen ein Pfeil durchs Herz geschossen. Aber nicht jeder Schlächter ist so geschickt, das Herz auf Anhieb zu durchstossen, so dass er genötigt ist, mehrmals mit seinem Messer auf das arme Tier einzustechen.

Diese Art des Schlachtens verhindert, ebenso wie das Ersticken, dass das Blut ausläuft. Die Tibetaner legen nämlich grossen Wert darauf, dass das Fleisch mit Blut durchtränkt bleibt. Aber es ist natürlich nicht ganz zu vermeiden, dass, während man dem Tier das Fell abzieht und es danach in Stücke schneidet, dennoch etwas Blut ausfliesst. Dieses Blut wird in besonderen Gefässen sorgfältig gesammelt und sofort gekocht. Man macht Blutwurst damit.

Die Tibetaner, die ja an wiederholte Leben glauben, stellen sich vor, dass der Namches[3] (was man wohl eher mit Bewusstseinsfähigkeit als mit Geist oder Seele übersetzt) der Tiere und der Menschen nicht zusammen mit dem Körper stirbt, sondern sich nach dem Tode in einem anderen Körper wiederverkörpert. So besteht der Brauch, dass ein Lamapriester am Lager eines Sterbenden, sei er nun ein gewöhnlicher Laie oder ein Mitglied des niederen Priesterstandes, der in die höheren Lehren noch nicht eingeweiht ist, aus einer Art Jenseitsführer[4] vorliest. Darin wird dem Sterbenden erklärt, wie er sich in der Welt, die zu betreten er im Begriff ist, verhalten soll, damit es zu keinen unangenehmen Zwischenfällen kommt. Eine solche Lesung findet auch bei der Leiche eines schon verstorbenen Menschen statt. Sein Namches, das durch den Tod seiner gewohnten Heimat beraubt wurde, soll sich noch in der Nähe des Toten aufhalten und kann aus den Anweisungen deshalb immer noch einen Nutzen ziehen.

Diese Vorstellungen gelten auch in bezug auf die Tiere. Wenn ein Tier gerade geschlachtet worden ist, liest ein Lamapriester ebenfalls solche Anweisungen vor, die dem Tier zu einer glücklichen Wiedergeburt auf einer höheren als der eben verlassenen Stufe verhelfen sollen.

Die bei Epidemien oder Unfällen umgekommenen Tiere

Die Tibetaner essen gerne frisches Fleisch, d. h. solches von Tieren, die vor drei oder vier Tagen geschlachtet worden sind. Das bedeutet aber nicht, dass sie gegen Fleisch mit einem leichten Stich, Chayip genannt, eine Abneigung hätten. Im Gegenteil.

Wenn in einer Herde eine Epidemie ausbricht und die Yaks sterben, sehen die Tibetaner nicht ein, warum man soviel Fleisch verlieren sollte. Es widerstrebt ihnen indessen ein wenig, Tiere zu essen, die an einer berüchtigten Infektionskrankheit gestorben sind. Allerdings nur ein wenig, denn es ist in Tibet an der Tagesordnung, das Fleisch eines auf natürliche Weise gestorbenen Tieres zu essen. Falls sie nun wie im Falle einer Epidemie befürchten müssen, dass das Fleisch des toten Tieres schädlich sein könnte, wenden sie ein erstaunliches Verfahren an: das tote Tier wird in der Erde begraben und nach ungefähr einem Monat wieder ausgegraben. Es wird nun für essbar erachtet und in Stücke zerlegt. Zum Glück zögern die aussergewöhnliche Höhe und die Trockenheit des Landes die Verwesung beträchtlich hinaus.

Was die bei einem Unfall umgekommenen Tiere betrifft, so kann etwa das Fleisch eines Tieres, das in einen Abgrund gestürzt ist, ohne jegliche Bedenken gegessen werden. Denn man hat es nicht selber töten müssen! Es kann ein verzeihlicher Schritt sein, von da aus zur absichtlichen Provokation von Unfällen überzugehen. Man kann einem Schaf oder einer Ziege auf einem engen Weg einen Stoss versetzen oder einem Yak Schrecken einjagen. Wenn das Tier dann stürzt und dabei umkommt, hat man es ja nicht getötet. Es hat die Möglichkeit gehabt, dem Stoss Widerstand zu leisten und sich nicht derart erschrecken zu lassen.

Cha Leb Leb

Fleisch in Form von Cha Leb Leb besteht aus kleinen Scheiben, die einige Sekunden lang in heisse Butter getaucht werden und nicht ganz durchgebraten gegessen werden.

Das gekochte Fleisch

Wenn man das Fleisch nicht für Cha Leb Leb oder, feingeschnitten, bei der Zubereitung diverser Speisen verwendet, wird es gewöhnlich in grossen Stücken und in grosser Menge, aber nur für relativ kurze Zeit, gekocht. Gebraten werden diese grossen Stücke (fast immer handelt es sich um Yak- oder Schaffleisch) sozusagen nie, denn viele Tibetaner sind der Ansicht, dass gebratenes Fleisch Kopfschmerzen verursache. Ausserdem soll der Bratgeruch den Gottheiten missfallen, besonders den Lous genannten Wassergottheiten, die in Tibet auch ihren indischen Namen Nagas führen.

Das leichtgekochte Fleisch wird meist auf Holztellern serviert. Die mit dem Messer abgeschnittenen Stücke werden mit den Fingern gegessen, während man die übrigen Speisen ja normalerweise mit Stäbchen oder Löffel isst.

Ein Tibetaner verträgt eine unglaubliche Menge von Kochfleisch. Ohne weiteres kann er zwischendurch eine Hammelkeule oder ein Stück Yak verzehren, was ihn aber nicht davon abhält, nachher eine reichliche Mahlzeit zu verschlingen. So beobachtete ich einmal, wie einer meiner jungen Diener — er mochte etwa vierzehn Jahre alt sein — sich mit einer Hammelkeule in der Hand entfernte, um den Maultieren, die mein Gepäck trugen, nachzufolgen. Kaum eine halbe Stunde war verflossen, als der Junge davon nichts mehr übrig hatte als einen vollkommen gesäuberten Knochen. Dennoch war er imstande, beim ersten Halt, den wir machten, eine volle Mahlzeit zu verschlingen. Die Hammelkeule war nur eine Vorspeise gewesen.

In Jakyendo, einem wichtigen Marktflecken im nördlichen Tibet, wo ich gelebt hatte, konnte ich eine ähnliche Szene beobachten, die ich sehr gerne fotografiert hätte, obwohl das kaum in Frage gekommen wäre, denn die Fresser, die am Werk waren, hätten sich vermutlich sehr darüber geärgert.

Mein unmittelbarer Nachbar war der Vertreter eines sehr wichtigen Geschäftsmannes, der im Ort eine Zweigstelle hatte. Er hatte drei Angestellte, die er von Zeit zu Zeit einlud, mit ihm zu speisen. Das war auch an jenem Tag der Fall. Es war prächtiges Wetter, und die vier Tibetaner machten es sich im Hof der Wohnung bequem. Da waren wie gewöhnlich die kleinen Schalen mit Saucen. Die für den Patron standen auf einem Tisch von der Höhe eines Fussschemels, während die Schalen der Angestellten auf dem Boden standen.

Das Hauptgericht bestand aus einem Viertel Rind, das in Reichweite der Essenden an die Mauer gelehnt war. Die Männer schnitten sich mit ihren Messern aus dem rohen Fleisch grosse Scheiben heraus. Mit aller Kraft schufteten sie ununterbrochen. Am Ende der Mahlzeit war fast das gesamte Rindsviertel verschwunden; lediglich um den Hals war noch ganz wenig Fleisch übriggeblieben. Natürlich wurde während des ganzen Essens reichlich Schnaps getrunken, und so erhoben sich die vier schliesslich recht angeheitert, um wieder ihren Geschäften nachzugehen.

Das Trockenfleisch

Zu Beginn des Winters werden die Tiere, vor allem die Schafe zu Hunderten getötet. Das frische Fleisch wird an Stricken im Freien aufgehängt, manchmal aber auch über dem Herd getrocknet, dies jedoch nur in kleinen Mengen für den Bedarf der Familie. Das im Freien getrocknete Fleisch ist dagegen Handelsware, für die keinerlei Absatzschwierigkeiten bestehen, denn in allen Gesellschaftsschichten Tibets wird das Trockenfleisch dem Frischfleisch vorgezogen.

Da in Tibet immer eine glühende Sonne scheint, selbst mitten im Winter, (Lhasa liegt auf demselben Breitengrad wie Alexandria in Ägypten) und das Klima infolgedessen sehr trocken ist, wird das Fleisch an der Sonne, aber auch bei Wind und Frost in kurzer Zeit fast ebenso hart wie Holz, wobei es in ausgezeichnetem Zustand bleibt. So kann es von den Reisenden leicht mitgeführt oder in den Häusern lange Zeit aufbewahrt werden. Wenn es anfängt, beim Schneiden zu zerfallen, wird es nicht etwa als ungeniessbar weggeworfen, sondern in einem Mörser zu feinem Pulver zerrieben. In dieser Form nehmen es die Karawanenführer mit, die eine lange Reise vor sich haben und das Gepäck deshalb auf das Minimum beschränken müssen. Ein Sprichwort behauptet, dass man auf diese Weise in einem ellengrossen Sack das Fleisch eines ganzen Yaks unterbringen kann. Wenn die Reisenden lange Strecken zurücklegen müssen, ohne sich grössere Pausen zum Kochen erlauben zu können, lösen sie unterwegs etwas von diesem Pulver in einer Schale mit Wasser auf und trinken es. Dies ist eine äusserst konzentrierte Aufbaunahrung.

Die Blutwurst

Mit dem Blut der gerade getöteten Tiere machen die Tibetaner Blutwurst. Sie schütten das Blut in zuvor gewaschene Darmschläuche. Ausserdem kommen noch Fettstückchen, Salz, Pfeffer, beliebige andere Gewürze und manchmal auch etwas Gemüse hinein. Wenn der Darmschlauch satt gefüllt ist, wird er an seinen beiden Eiden zugebunden und in siedendem Wasser gekocht. Meistens werden auch die inneren Organe des Tieres wie Herz, Leber, Lungen und manchmal auch der Kopf zusammen mit der Blutwurst gekocht; sie kann sowohl warm wie kalt gegessen werden.

Oft geben einfache Leute etwas Tsampa ins Wasser, in dem die Blutwurst gekocht wurde, und machen daraus eine Suppe.

Die Knochen

Die Verwendung von Knochen bei der Zubereitung von Suppen ist merkwürdig genug, um beachtet zu werden.

Die vom Fleisch entblössten Knochen werden während einer unbestimmten, aber jedenfalls sehr langen Zeit, aufbewahrt. Aus gut ausgetrockneten Knochen soll sich nämlich ein köstlicher, ganz besonders für Kranke heilsamer Bouillon machen lassen. Manchmal lässt man die Knochen solange in siedendem Wasser, bis sie so weich werden, dass man sie zerkauen kann. Gewisse Feinschmecker essen ihre Tsampa- oder Reissuppen nur aus Schalen, in denen sich viele dieser aufgeweichten und zerkleinerten Knochenstücke befinden.

Die Knochen können auch zerstossen werden, bis ein rauhes, körniges Pulver entsteht, das etwa die Konsistenz von grobem Salz besitzt. Dieses Pulver wird unter Zugabe von Wasser zum Kochen gebracht. Dann fügt man Tsampa oder Reis und Gemüse hinzu. Einige Liebhaber zerkauen den unter den Zähnen knirschenden Knochenbrei gerne, aber im allgemeinen wird er nur von den Armen gegessen, die sich kein Fleisch leisten können. Letztere schaben den Knochen auch ab und geben das Abgeschabte als Butter-, Fett- oder Ölersatz in den Tee oder mischen es unter das Gemüse.

Oft begraben die Armen die gesammelten Knochen unter einem Haufen Korn. Nach einiger Zeit werden die schimmelgrünen Knochen abgeschabt und zu einem feinen Pulver zerrieben. Solches Pulver aus alten, schimmligen Knochen soll die Speisen viel schmackhafter machen.

Das Geflügel und die wilden Vögel

Weder das Geflügel noch die Vögel geben zu einer besonderen Zubereitung Anlass. Sie werden einfach in Butter gebraten. Damit das Fleisch nicht braun wird, giesst man Wasser darüber und lässt es kochen. Gelegentlich macht man auch eine kräftige Hühnerbouillon, die als sehr nahrhaft gilt und den schwangeren oder gerade niedergekommenen Frauen gegeben wird.

SONSTIGE FLEISCHSPEISEN

Die Momos

Momo ist ein chinesisches Wort, das eigentlich Brot bedeutet. Die Tibetaner haben seine ursprüngliche Bedeutung jedoch abgeändert; bei ihnen ist Momo der Name für kleine Fleischpasteten. Hier das Rezept: man schüttet Mehl auf ein grosses Teigbrett und schlägt Eier dazu und knetet beides, bis ein glatter Teig entsteht. Daneben bereitet man Hackfleisch mit Zwiebeln (manchmal auch mit Ingwerwurzeln, Salz und einer Menge von pulverisiertem Pfeffer) zu. Das Hackfleisch kann sowohl kurz in Butter angebraten als auch roh verwendet werden. Nun wird der Teig gestreckt, bis er eine dünne Scheibe bildet. Man legt etwas Hackfleisch darauf und biegt die Ränder der Teigscheibe nach unten, so dass der Momo die Form einer kleinen Kuppel erhält.

Die Momos werden schliesslich auf einem aus Bambus oder Feinholz bestehenden Geflecht über einem Kessel gedämpft. Sie werden immer sehr heiss gegessen, während fast alle übrigen Speisen bekanntlich nie ganz heiss gegessen werden. Dabei werden sie oft nach chinesischer Art in eine kleine Schale mit chinesischem Dattelessig, Sojasauce usw. getunkt.

Der Fisch

Viele Tibetaner haben eine solche Abscheu vor Fisch, dass sie manchmal die Leichname, statt sie zu verbrennen oder den Geiern zu überlassen, in die Flüsse werfen, wo sie von den Fischen aufgefressen werden sollen. Aber dieser Brauch ist im Schwinden begriffen: In den Grenzgebieten haben sich die Tibetaner von ihrer Abneigung weitgehend befreit, sie essen sogar sehr gerne Fisch.

Zuerst wird der Fisch in Butter gebraten, dann kommt etwas Wasser in den Kochtopf. Manche Feinschmecker giessen statt Wasser Bier über den Fisch, nachdem er bereits in Butter gebraten hat. Danach lässt man ihn kochen, wobei Salz, Pfeffer und im östlichen Tibet auch einige chinesische Gewürze hinzugefügt werden. In den Himalajaregionen werden dagegen aromatische Kräuter oder Blätter genommen.

Auch der Fisch kann in einem Bambusrohr gekocht werden; schon im Abschnitt «Wild» ist ja bereits auf die Verwendung von Bambusrohr als eine Art natürlicher Kochtopf für die verschiedensten Speisen hingewiesen worden.

Die Hornissenlarven

Die Hornissen, die man in den Himalajaregionen und bestimmten anderen Gebieten findet, sind für die Tibetaner ein grosser Leckerbissen. Sie sind sehr gross und leben wie die Bienen in einem Staat, aber in unterirdischen Nestern, die leichte Bodenerhebungen bilden. Es ist ein gefährliches Unterfangen, sich ihrer Larven zu bemächtigen. Wenn die Jäger ein Nest entdeckt haben, stapeln sie einen Haufen Buschwerk darauf und zünden es an. Die Hornissen fliegen scharenweise heraus, und viele werden schon am Ausgang des Nestes versengt. Der Rest wird vom Rauch zerstreut. Wer nicht genug Zeit gehabt hat, sich in eine sichere Distanz zu bringen, ist nicht gerade zu beneiden. Denn die Stiche dieser grossleibigen Insekten sind sehr schmerzhaft. Sie verursachen eine starke Schwellung und mehrere Tage anhaltendes Fieber. Sechs Stiche sollen bereits genügen, um einen Ochsen umzubringen. So kehren die Jäger erst am nächsten oder übernächsten Tag zum Nest zurück; sie zertrümmern es mit der Hacke und sammeln die Larven ein, die wie winzige weissliche Blutwürste aussehen. Die Larven werden in Butter gebacken und allein oder zu Reis gegessen.

In einigen kleinen Fürstentümern Tibets, die innerhalb oder an der Grenze des eigentlichen tibetanischen Territoriums liegen, gibt es eine Art Riesenhornisse. Aber der Larvenfang ist den Einwohnern strengstens untersagt. Einzig der Gemeindevorsteher hat das Recht, sich dem Genuss dieser vorzüglichen Speise hinzugeben. Wer gegen dieses Gesetz verstösst, wird zu einer nahrhaften Busse verurteilt.

Die Milchprodukte

Der Cho

Die Tibetaner ernähren sich mit zahlreichen Milchprodukten, aber selten in deren ursprünglichster Form, der Milch selbst.

Ein beträchtlicher Teil der Milch wird in Cho umgewandelt, der mit unserem Joghurt vergleichbar ist. Ein anderer Teil wird zur Herstellung von Butter verwendet, und aus einem sehr geringen Teil macht man Käse.

Der Cho wird auf sehr einfache Weise hergestellt. Man verwendet zwei geradwandige Holzfässchen, die kaum je gewaschen werden. Nun schüttet man warme Milch hinein, wobei die alten Cho-Reste an den Wänden als Ferment wirken. Nach einigen Stunden ist die Milch dick geworden; sie hat sich in einen sehr nahrhaften und gesundheitsfördernden Cho verwandelt.

Es gibt zwei verschiedene Qualitäten von Cho. Die bessere Qualität wird aus Vollmilch gemacht, während für die schlechtere teilweise entrahmte Milch genommen wird. Eine noch schlechtere Qualität wird aus den Milchresten der Milch, die zur Butterherstellung gebraucht wurde, gemacht.

Die Butter

Die Tibetaner haben einen grossen Butterverbrauch. Sie geben sie in den Tee und in alle Nahrungsmittel, die gekocht werden. Daneben wird sie auch als Heilmittel verwendet, ausserdem als Hautcrème und Schönheitsmittel, mit dem man sich Gesicht und Haare bestreicht, und schliesslich ganz einfach als Leckerbissen.

Bei dem trockenen und kühlen Klima Tibets kann die Butter in einem harten Zustand erhalten werden. Mit Leichtigkeit kann man aus einem dicken Klumpen Stücke schneiden und sie zwischen den Fingern halten. Von vielen Tibetanern wird sie ohne etwas anderes gegessen, so wie wir etwa Biskuits essen. Die Butter wird übrigens nicht nur aus dem auf der Milch obenaufschwimmenden Rahm, sondern aus der ganzen Milch gemacht.

Es wäre ein Irrtum zu glauben, die Tibetaner würden ranzige Butter der frischen vorziehen. Aber in einem Land, in dem die Butter oft von weit hergebracht wird, kann es natürlich vorkommen, dass sie unterwegs ranzig wird. Und so isst man statt frischer eben ranzige Butter, die aber noch in anderer Hinsicht wertvoll ist: Schimmelgrüne oder schon vollkommen verfaulte Butter wird als Brennstoff für die Leuchter auf den Tempelaltären oder in den privaten Gebetsstätten verwendet. In jeder tibetanischen Familie werden allabendlich vor den Buddha- oder sonstigen Götterstatuen einer oder mehrere solcher Leuchter angezündet, und selbst wohlhabende Leute haben es nicht ganz aufgegeben, mit Öl- oder Butterlampen Licht zu machen, obwohl sie daneben auch aus China, Burma oder Indien importierte Kerzen verwenden. Und so gibt es also auch für die zum Kochen nicht mehr brauchbare Butter einen sehr grossen Markt.

Der Käse

Käse, der bei den Tibetanern nichts anderes als getrocknete Sauermilch ist, kann in verschiedenen Formen vorkommen. Zunächst einmal in Form von Pulver mit grösseren Klümpchen, das vor allem in der Küche verwendet wird. Dann in Form von Würfelchen von 2 bis 3 cm Seitenlänge oder in Form von ziemlich grossen, viereckigen Fladen. Die kleinen, vollständig ausgetrockneten und steinharten Würfel werden oft in der Mitte durchstossen und rosenkranzartig aneinandergereiht. Manche Reisende stecken solche «Käsekränze» in ihren Ambag. (Der Ambag ist eine Art Kleiderfalte, die vom grossen tibetanischen Gewand auf der Brust gebildet wird. Das Gewand wird bei der Taille mit einem Gürtel zusammengeschnürt.) Unterwegs binden sie eines dieser Würfelchen los, zerschlagen es am Wegrand mit einem Stein und stecken sich ein oder zwei Stückchen in den Mund. Niemand sollte es sich einfallen lassen, diese kleinen essbaren Steine sofort zu zerkauen; man würde sich daran nur die Zähne ausbeissen. Wenn man sie mit Geduld lutscht, werden sie vom Speichel und von der Wärme allmählich aufgeweicht und nach etwa einer halben Stunde kann der Käse endlich auch von den Zähnen, vorausgesetzt, sie sind stark genug, weiterverarbeitet werden. Da dieser Käse ausserdem eine konzentrierte Kraftnahrung darstellt, ist er für die Reisenden geradezu ideal, um ihnen bei grossen Abständen zwischen den Mahlzeiten über den Hunger hinwegzuhelfen. Will man den Käse dagegen bei einer regulären Mahlzeit einer Tsampasuppe oder Reis beifügen, so muss er zuerst mit dem Hammer auf einem Stein zermalmt werden. Als Beigabe zu Tsampa oder anderen Speisen wird aber sehr oft auch eingetrockneter Rahm verwendet.

Eine merkwürdige Spezialität wird in gewissen Gegenden, in denen sich Herden aufhalten, aus den Milchrückständen der zum Melken verwendeten Holzgefässe hergestellt. Die Milchrückstände werden in Butter gebraten und zu Reis oder Tsampa gegessen: ein vortreffliches Gericht mit einem leichten Geschmack nach Sauermilch.

Die Suppen

Die Tsampasuppe

Die Suppen, die immer sehr kräftig und dickflüssig sind, werden auf der Basis von Fleischbrühe gekocht, ausser natürlich bei sehr religiösen Menschen, die vollkommen vegetarisch leben.

Für die Tsampasuppe werden während ziemlich langer Zeit Knochen und, falls man es vermag, ein rechtes Stück Fleisch gekocht. Dann fügt man Rettich (tibetanisch Lapous) und weisse Rüben, die Nyeundo oder Yeundo genannt werden, hinzu. Sobald das Gemüse genügend weichgekocht ist, werden Fleisch und Knochen wieder entfernt. Ersteres wird entweder vor der Suppe warm gegessen oder bis zum folgenden Tag aufbewahrt und kalt gegessen. Vor dem Servieren gibt man noch etwas Tsampa und geriebenen Käse in die Bouillon, die man noch eine Zeitlang unter ständigem Umrühren kochen lässt.

Diese Suppe soll noch schmackhafter sein, wenn sie aufgewärmt wird. Manche Feinschmecker sollen sich sogar erst zufriedengeben, wenn sie mehrere Male hintereinander aufgewärmt und wieder abgekühlt wurde. Sie nehmen es ohne weiteres in Kauf, ein bis zwei Tage zu warten, bis die Suppe genau den gewünschten Geschmack hat.

Die Reissuppe

Man kocht sehr feines Hackfleisch zusammen mit Reis und Salz, wobei manchmal auch noch gehackte Zwiebeln hinzukommen. In Ching Hai fügen die Nordtibetaner nach mongolischer Art Chinadatteln und gelegentlich auch getrocknete Erbsen hinzu. Sobald die Suppe gar gekocht ist, gibt man etwas Cho in den Kochtopf und lässt beides zusammen noch einige Zeit weiterkochen.

Die Gyatoup

Die Gyatoup ist eines der beliebtesten tibetanischen Gerichte. Es handelt sich dabei um eine Nudelsuppe, die auf zwei verschiedene Arten zubereitet werden kann.

Erstes Rezept: Zuerst werden dicke Yak- oder Schafsknochen oder beides zusammen längere Zeit in einem Topf gekocht. Unterdessen streut man Mehl auf ein grosses Teigblatt und schlägt Eier dazu.

Wenn der Teig gut durchgeknetet ist, wird er so lange gewalzt, bis er ganz dünn ist. Das auf diese Weise zustandegekommene Teigblatt wird wie ein Akkordeon in Falten gelegt und mit dem Messer anschliessend in schmale, dünne und lange Streifen geschnitten: das sind die Nudeln. Wer nicht über viele Eier verfügt, gibt zusätzlich etwas Wasser in den Teig oder macht ihn sogar nur mit Wasser.

Anschliessend wird eine grosse Menge Yak- oder Schaffleisch sehr fein, fast zu einem Brei zerhackt und zusammen mit gehackten Zwiebeln, Pfeffer, vielleicht etwas Muskatnuss und je nach Belieben noch weiteren Gewürzen in Butter gebraten. Das Gehackte darf aber nur ganz leicht angebräunt werden, damit es nicht hart wird. (Die Tibetaner essen das Hackfleisch nämlich, sofern es nicht für die Gyatoup verwendet wird, am liebsten beinahe roh und nur mit etwas Butter bestrichen.) Sobald das Fleisch genügend angebraten ist, wird Knochenbrühe darübergegossen. Dann hält man das Ganze auf dem Herd warm, aber ohne es kochen zu lassen.

Nun macht man mit ein paar Eiern eine Omelette, die man lange braten lässt und dann in Dreiecks-, Rhomben- oder andere geometrische Figuren zerschneidet. Diese Omelettestückchen gibt man in den Kochtopf, in dem sich bereits das von der Knochenbouillon durchtränkte Fleisch befindet.

Jetzt nimmt man auch die Nudeln aus dem Wasser, in dem sie nur leicht gekocht haben — die Tibetaner mögen sie gerne fest — und taucht sie unverzüglich in kaltes Wasser. In Küchen mit wenig Gefässen wird das Kochwasser einfach durch frisches ersetzt. Dadurch werden sie noch härter.

Dann lässt man sie in einem Sieb abtropfen und legt sie anschliessend auf das Teigbrett. Nun bestreicht der Koch seine Handflächen mit Butter oder mit Öl, reibt die Nudeln in kleinen Mengen aneinander und fettet sie auf diese Weise ein. Er muss aber sorgfältig darauf achten, dass sie nicht zu kleben beginnen. Kurz vor dem Servieren wärmt man die abgekühlten Nudeln wieder auf, bis sie lauwarm sind, denn mit Ausnahme der Momos mögen die Tibetaner ja keine heissen Gerichte. Nun gibt man eine bestimmte Menge Nudeln in jede einzelne Schale und giesst mit einer Kelle die Hackfleischbrühe darüber, wobei sorgfältig darauf geachtet wird, dass Fleisch und Omelettestückchen auf dem Boden des Kochtopfs bleiben. Man lässt die Nudeln für ein paar Augenblicke in der Bouillon und schüttet diese dann wieder in den Kochtopf zurück, um die Nudeln in der Schale dann von neuem zu begiessen. Dieser Vorgang muss so lange wiederholt werden, bis die Nudeln schliesslich die gewünschte Temperatur erreicht haben.

Auf jedes dieser spitzen, in der Brühe schwimmenden Nudelhäufchen legt man jetzt etwas Hackfleisch vom Boden des Kochtopfs und krönt dann das Ganze mit einem kleinen Stück Omelette.

Die einfachen Leute bieten zur Herstellung der Gyatoup natürlich nicht soviel Raffinement auf. Ihre Brühe enthält neben den Knochen auch ganze Fleischstücke, die manchmal vor der Suppe verzehrt werden, aber ebensogut bis zur nächsten Mahlzeit aufbewahrt werden können. Ausserdem wird die Brühe ohne Zusatz von Hackfleisch oder Omelettestückchen direkt in die Schalen geschüttet.

Zweites Rezept: Man schneidet Fleisch in kleine Stücke, aber ohne es zu zerhacken. Zusammen mit in kleine, längliche Stückchen geschnittenen Rettichen, die aber auch durch weisse Rüben ersetzt werden können, wird es leicht in Butter gebraten. Je nach Geschmack können noch Zwiebeln hinzugefügt werden. Dann giesst man heisses Wasser über Fleisch und Gemüse und lässt beides schmoren. Darauf wird beides in einer Schale mit Nudeln vermischt und mit Bouillon übergossen.

Dies ist die schnellste und verbreitetste Art, Gyatoup herzustellen. Sie wird in den meisten Haushalten sowie auf Reisen angewandt.

Die Pechissuppe

Bei der sogenannten Pechissuppe handelt es sich um eine stark konzentrierte Brühe, in der man während ganz kurzer Zeit kleine Fleischpasteten (Minimomos), die mit unseren Raviolis verglichen werden können, kochen lässt. Es wird dazu dasselbe Hackfleisch gebraucht, mit dem man auch die Momos füllt, aber in rohem Zustand. Zuerst macht man kleine Teigplätzchen von 2 bis 3 cm Seitenlänge, wobei man am besten nur Mehl und Eier und kein Wasser verwendet. Man legt nun etwas Hackfleisch auf eines dieser Plätzchen, bedeckt es mit einem zweiten Teigplätzchen und drückt dieses am Rand hinunter, um es so mit dem darunterliegenden Teigplätzchen zusammenzuschweissen. Hat man die gewünschte Anzahl Pechis zubereitet, wirft man einen Teil in die Brühe, aber nur für ganz kurze Zeit, damit sie nicht weich oder teigig werden. Noch während die ersten Pechis gegessen werden, gibt man auch den Rest in die Brühe.

Die Mongolensuppe

Man gibt gut durchknetete, aber nicht ausgewalzte Teigstückchen in eine Fleischbrühe, die man lange gekocht hat. Der Teig wird wie immer mit oder ohne Eier oder zur Hälfte mit Eiern und zur Hälfte mit Wasser hergestellt.

Die Schlachtabfallsuppe

Die Tibetaner haben die abstossende Gewohnheit, den Magen eines getöteten Tieres mit dessen Herz, Nieren, Leber und Eingeweiden zu füllen. Dann nähen sie den «Sack» zu; der Inhalt wird während Tagen, Wochen und sogar noch länger darin eingeweicht. Man macht damit eine Suppe, die vor allem bei den ärmeren Leuten sehr beliebt ist.

Die kalte Suppe mit rohem Hackfleisch

Man giesst kaltes Wasser über sehr feines, suppenfleischähnliches rohes Hackfleisch und würzt mit gehackten Zwiebeln, Pfeffer und Muskatnuss oder anderen chinesischen Gewürzen, um daraus eine blutige, kalte Suppe zu machen. Für das Auge wie für den Gaumen jedes Abendländers ist sie ekelerregend, während der Tibetaner sie köstlich findet.

Sie wird mit dem Löffel gegessen oder direkt aus der Schale getrunken, allein oder mit etwas Pa.

Tses und Gemüse

Die Tses

Tse bedeutet auf chinesisch Gemüse, aber der Ausdruck hat in Tibet seine ursprüngliche Bedeutung verloren und wird für alle Arten von gedämpften Speisen (sowohl Fleisch wie Gemüse), Salaten etc. gebraucht. Es gibt eine grosse Auswahl von Tses; die Gemüse-Tses sind gewöhnlich kalt, während die eigentlichen Ragouts warm gegessen werden. Die Tses können zu Reis, Suppen, aber auch allein serviert werden. Gleichzeitig mit Reis z. B. lassen wohlhabende Leute oft mehrere verschiedene Tses auftragen, während sich die armen Leute mit Ragouts begnügen, die oft dermassen mit Wasser verdünnt sind, dass man sie direkt aus der Schale trinken kann. Aber im allgemeinen werden alle Arten von Tses immer mit Stäbchen gegessen.

Das Gemüse

Die Auswahl an Gemüse, das in der unmittelbaren Umgebung der Dörfer angepflanzt wird, beschränkt sich in der Regel auf die folgenden Sorten: Kartoffeln, Spinat, weisse Rüben, Rettich, chinesischer Kohl, Sellerie und Zwiebeln. In einem einzelnen Dorf werden aber gewöhnlich nur zwei bis drei dieser Sorten angebaut, während dagegen Saubohnen, Linsen, Erbsen, Weizen und Gerste überall in Tibet anzutreffen sind. Davon machen nur die nördlichen weiten Steppeneinöden eine Ausnahme, denn die in Zelten wohnenden Hirten leben fast ausschliesslich von der Viehzucht.

Der Sellerie-Tse

Der Sellerie-Tse wird folgendermassen zubereitet: Man schneidet Yak- oder Schaffleisch in kleine Stücke, jedoch ohne sie ganz zu zerhacken, und lässt es zusammen mit Sellerie unter Beigabe von Butter, Salz und Pfeffer in einem Topf braun werden. Sobald Fleisch und Butter genügend angebräunt sind, kann man noch etwas Wasser hinzufügen und das Ganze bei zugedecktem Topf noch eine Zeitlang kochen lassen. Dieser Tse wird manchmal auch trocken, d. h. ohne Zugabe von Wasser, gegessen.

In den Grenzgebieten, in denen die Tibetaner ihre Abneigung gegen das Schweinefleisch überwunden haben, wird der Sellerie-Tse auch auf chinesische Weise zubereitet, d. h. mit fettem Schweinefleisch, das in kleine Stückchen geschnitten wird.

Die Pilze

Die Pilze werden in den Wäldern und auf den grasbewachsenen Bergen gesammelt. Bewohner von Gegenden, in denen keine wachsen, kaufen aus benachbarten Provinzen oder aus China eingeführte Pilze. Zum Kochen verwenden die Tibetaner, die übrigens meist grosse Pilzliebhaber sind, mehrere Arten, hauptsächlich aber einen schwärzlichen Pilz, der auf der Rinde von verfaulten Bäumen wächst und der auch bei den Chinesen oft gebraucht wird. Wenn man den Fuss dieses Pilzes entfernt, seinen Schirm mit etwas mit Butter bestrichener Tsampa füllt und den gefüllten Schirm dann für kurze Zeit röstet, so erhält man einen bei den Tibetanern ausserordentlich beliebten Leckerbissen.

Der Pilz-Tse

Nachdem man frische Pilze gesammelt hat, werden sie gewaschen, getrocknet und dann während mehrerer Stunden in lauwarmes Wasser gelegt. Anschliessend werden sie mit winzigen Fleischstückchen und gelegentlich auch mit Zwiebeln zusammen in Butter gebräunt. Dann gibt man Wasser in einen Kochtopf und lässt das Ragout leicht kochen, wobei der Topf gut zugedeckt bleibt.

Der Bambussprossen-Tse

Einen köstlichen Tse kann man aus jungen Bambussprossen zubereiten, am besten aus frischen. Ausserhalb der Saison und in Gegenden, wo kein Bambus wächst, muss man sich mit getrockneten begnügen.

Tse-Salat aus rohem Gemüse

Unter den kalt gegessenen Tses ist ein Salat aus rohem Gemüse zu erwähnen, der meist aus Rettich (tibetanisch Lapous), weissen Rüben oder aus Karotten (tibetanisch Kong Lapous) besteht oder aus einer Mischung von Rüben und Karotten. Man schneidet einfach deren Wurzeln in ganz dünne Streifen und würzt sie mit Essig, Salz, einer Menge Pfeffer und manchmal etwas Öl. Dies ist ein sehr verbreiteter Tse, der normalerweise zu Momos und Gyatoup, bei ärmeren Leuten auch zu Tsampaklösschen gegessen wird. Er kann aber auch zusammen mit anderen Tses serviert werden.

Tse mit in Salz eingeweichtem Gemüse

Es handelt sich hier um einen sehr beliebten kalten Tse, bei dem alle Gemüsesorten gemischt werden können. Nur die Petsais (chinesischer Kohl) werden von den übrigen getrennt in Salz gelegt.

Sobald das Gemüse gewaschen ist, wird es in einem grossen, tiefen Topf sorgfältig nebeneinandergeordnet, eine Sorte dicht neben der anderen, aber so, dass man mit langen Stäbchen das gewünschte Gemüse leicht herausholen kann, ohne den übrigen Topfinhalt in Unordnung zu bringen. Man salzt das Gemüse — manchmal gibt man auch etwas Essig dazu — und weicht es im Saft, der unter der Wirkung des Salzes abgesondert wird, je nach Geschmack vier bis fünf, acht bis zehn Tage oder gar einen Monat lang ein.

Das auf diese Weise konservierte Gemüse kann nun zusammen mit Fleisch zu einem warmen Tse verarbeitet werden; aber am häufigsten wird es kalt gegessen, so wie es aus dem Salzsud kommt.

Tse à la Chinoise

Bei den Feinschmeckern sind bestimmte Tses gebräuchlich, die aus dem ganzen Reichtum aussergewöhnlicher chinesischer Nahrungsmittel schöpfen: da gibt es Seegurken, Haifischflossen, getrocknete Fische verschiedener Art, winzige, zu Pulver zerfallende Garnelen, Gewürze, Sojasaucen, dickflüssiger, schwarzbrauner Essig von chinesischen Datteln usw.

Bei diesen Tses handelt es sich aber um ausgesprochene Luxus-Tses.

Andere Tses

Sämtliches Gemüse kann für Tses verwendet werden, wenn Fleisch dabei ist; meist handelt es sich beim Fleisch um Schaf-, Yak-, Hühner- oder Schweinefleisch. Es können weisse Rüben, Rettich, chinesischer Kohl und Spinat ebenso wie gewisse wildwachsende Pflanzen verwendet werden, wie zum Beispiel der Tchocolete. Auch aus wilden Spargeln, verschiedenen Brennnesselarten und sogar aus essbaren Algen, die vor allem in den Sümpfen des Koukou Nor zu finden sind, können vorzügliche Tses zubereitet werden.

Man kann aber auch ohne Gemüse Tse zubereiten, einfach mit zuerst leicht angebräuntem und dann zusammen mit Gewürzen gekochtem Fleisch. Solche Ragouts werden, wie bereits erwähnt, stets warm gegessen.

Die Süss-Speisen

Der Desi

Der Desi ist die nationale Süssspeise der Tibetaner und wird auf folgende Weise zubereitet: Man kocht Reis, wobei man besonders darauf achten muss, dass sich die Körner nicht verkleben, gibt etwas geschmolzene Butter dazu und lässt das Ganze einige Augenblicke schmoren. Man muss vermeiden, dass der Reis zu sehr gekocht wird und einen Brei zu bilden beginnt oder anbrennt und zu trocken wird.

Der Reis wird in Form einer spitzen Kuppel in kleinen individuellen Schalen präsentiert, wobei er noch zusätzlich mit zerlassener Butter übergossen werden kann.

Der Desi wird sehr oft während des Mittagessens aufgetragen, kann aber auch zu irgendeiner anderen Tageszeit gegessen werden. Manchmal beendet er auch als Dessert eine einfache Familienmahlzeit.

Die Toumas

Die Toumas sind eine Art wurmförmiger Wurzelstöcke, die man auf den unbebauten Hochplateaus, vor allem im Norden Tibets, in den Gegenden von Khamsund und Koukou Nor, ausgräbt. Ihr Geschmack erinnert an denjenigen von Kastanien. Sie werden, wenn sie noch frisch sind, gekocht, und dann mit Zucker in Butter gebacken. Falls sie schon ausgetrocknet sind, weicht man sie vor dem Kochen für mindestens zwölf Stunden in Wasser auf. Genau wie die Desis können sie sowohl eine einfache Familienmahlzeit beenden als auch im Verlauf des Mittagessens serviert werden.

Der Kabzes

Eines der wenigen von den Tibetanern hergestellte Feingebäck sind die Kabzes. Sie werden folgendermassen zubereitet: Man schüttet Mehl auf ein Teigbrett und befeuchtet es mit Wasser oder noch besser mit Eiern. Normalerweise wird Weizen oder, vor allen für eine feinere Qualität, Reismehl verwendet. Dann salzt man den Teig und knetet ihn so lange, bis er sich mühelos in die Länge ziehen lässt. Nun formt man lange, flache Streifen, aus denen man ca. 20 cm lange Fransen dreht und gibt sie in siedende Butter oder siedendes Öl. Manchmal formt man statt der Fransen ein einziges, langes Teigband mit hochgebogenen und gewellten Rändern. Ausser in Öl, das aus Aprikosenkernen gewonnen wird, wird am besten in Butter gebacken.

Eine andere Art Kabzes wird aus sehr flüssigem Teig gemacht. Man lässt ihn langsam in ein Sieb einfliessen, das man vorsichtig über einem Kessel mit Öl oder noch besser mit kochender Butter schüttelt. So erhält man schliesslich Teigschnüre, die nur ein Kochkünstler so miteinander verbinden und drehen kann, dass das Gebäck einem dicken Strang heller Seide gleicht. Die feinste Qualität dieser Kabzes wird ebenfalls mit Reismehl gemacht.

Der Zucker

Zucker heisst auf tibetanisch Kara, der Puderzucker wird Tchimi Kara genannt, was eigentlich «Sandzucker» bedeutet.

Der gesamte Zuckerverbrauch der Tibetaner, die grosse Zuckerliebhaber sind, wird von aus China oder Indien eingeführtem Rohrzucker gedeckt. Den indischen Zucker findet man auf dem Markt gewöhnlich als Kristallzucker, während der chinesische Zucker, der heute vor allem in Form von Würfeln eingeführt wird, sowohl als Kristall- wie als Puderzucker vorkommt. Aus China werden ausserdem auch Farinzucker verschiedener von mattweiss bis dunkelbraun reichender Schattierungen sowie fast steinhart gepresste Farinzuckerkuchen eingeführt. Diese Kuchen haben bald die Form unserer Toilettenseifen, bald die Form mehr oder weniger dicker Kugeln. Gepresster Zucker hat dem normalen Zucker gegenüber vor allem den Vorteil, dass er über lange Strecken transportiert werden kann und während mehrerer Jahre haltbar ist.

Es gibt noch einen Do Kara genannten «Steinzucker». Das ist ein sehr teurer, gewöhnlich bernsteingelb getönter Kandiszucker, den reiche Leute gerne wie Bonbons zerknacken und lutschen. Er wird oft als Geschenkgegenstand gebraucht und befindet sich manchmal auch unter den Opfergaben, die vor den Götterstatuen niedergelegt werden.

Die Früchte

Die am weitesten verbreitete Frucht ist die Ngari Khambou (eigentlich Pfirsich von Ngari) genannte Aprikose. Ngari heisst eine südwestliche Gegend Tibets, die an Nepal grenzt, daher der Name der Aprikose. Die Früchte werden entweder frisch an Ort und Stelle gegessen, oder, nachdem sie in der Sonne getrocknet wurden, in sämtliche tibetanischen Gegenden transportiert. Die Tibetaner konsumieren aber auch gerne importierte, getrocknete Kakifrüchte, Ama Chinto genannt, was «Mutterfrucht» bedeutet. Daneben werden auch Feigen, Nüsse, Mandeln und vor allem Rosinen gegessen. Letztere stammen aus Indien und werden bis an die tibetanisch-chinesischen Grenzgegenden verkauft, wo sie von den Eingeborenen «Lhasarosinen» genannt werden.

Das warme Klima des Tsawarong und des Kongbou begünstigen in besonderem Mass das Wachstum der wichtigsten Obstbäume. In diesen Gegenden wachsen die meisten Aprikosen-, Pfirsich-, Birnen- und Granatapfelbäume, während man in niedergelegenen Himalajagebieten, auf Höhen zwischen 1200 und 1500 m, wilde Mandarinenbäume mit grossen, herrlichen Früchten findet. In Tatsienlou in Osttibet wachsen sogar auf einer Höhe von 2600 m kräftige Apfelbäume mit einem reichen Ertrag an saftigen, wohlschmeckenden Äpfeln.

In den Wäldern findet man ausserdem Erdbeeren und andere wilde Früchte, unter anderem auch die Rhabarber, Tchocolete genannt, welche noch auf einer Höhe von 3000 m wächst, und aus der eine köstliche Konfitüre hergestellt wird.

DER TIBETANER BEI TISCH

Die Küche

Der quadratische oder rechteckige Herd einer tibetanischen Küche ist gemauert und befindet sich gewöhnlich in der Mitte des Raums. Er hat verschieden grosse Löcher, in die man die Kessel, Kochtöpfe und Krüge stellt. Bei Bauern und einfacheren Menschen kann auch eine niedrige Plattform aus festgestampfter Erde als Herd dienen. In diesem Fall werden Krüge, Töpfe und Kessel auf ein eisernes Dreibein gestellt oder an Eisenketten, die an den Dachbalken befestigt werden, aufgehängt.

In Tibet gibt es keine Steinkohle, zumindest wird keine abgebaut. Als Brennmaterial verwendet man die Fladen der Herden (Djou, die Yakfladen; Rima, Ziegen- und Schafdreck; Taibang, Pferdemist), abgesehen von den bewaldeten Gebieten, in denen die Bewohner Holz oder Holzkohle verwenden. Das Brennmaterial wird durch eine seitlich am Ofen angebrachte grosse Öffnung eingeführt, durch welche man auch das Feuer mit Hilfe eines Blasebalgs schürt, was grosse Geschicklichkeit erfordert. Beim Blasebalg handelt es sich um eine Tasche aus Ziegenfell, deren eines Ende offen ist, während das andere sich eng um ein Eisenrohr schliesst. Der gewöhnlich auf dem Boden sitzende Heizer richtet das Rohr auf das Brennmaterial und bringt die offene Seite des Fellsacks in Bewegung, indem er ihn abwechslungsweise öffnet, um Luft eindringen zu lassen, und wieder schliesst, um die Luft mit einem Druck auf die aufgeblasene Tasche wieder ausströmen zu lassen. Da es in einer tibetanischen Küche keinen Kamin gibt, bewegen sich die Köche in Wolken von Rauch, um so mehr als die Djoua nur schwer zu entflammen ist und viel Rauch entwickelt.

In den Waldgebieten, in denen die Dächer aus Stroh, Baumrinden oder Brettern gemacht sind, kann der Rauch hingegen durchs Dach entweichen. In Zentraltibet, wo die Dächer aus terrassenförmig gestampfter Erde bestehen, bohrt man Löcher in diese Terrassen. Zwei Öffnungen, die an zwei gegenüberliegenden Mauern in Dachnähe angebracht sind, ermöglichen gleichzeitig das Entweichen des Rauchs und das Eindringen von etwas Tageslicht. Die tibetanischen Küchen sind nämlich im allgemeinen ziemlich dunkel.

Ausser bei den ganz armen Leuten gibt es in einer Küche immer etwas kochendes Wasser. Die Tibetaner benutzen (mit Ausnahme von verhältnismässig wenigen wohlhabenden Leuten, die importierte moderne Küchenkombinationen eingerichtet haben) keine Pfannen, sondern nur Bronze- oder Kupferkessel, Kochtöpfe und verschiedenste Arten von Krügen. Die tibetanische Töpferware steht in hohem Ansehen und wird zum Teil in die benachbarten Gegenden exportiert, wie z. B. die ausserordentlich schönen, mit weissen oder grauen Mustern verzierten schwarzen Teekannen.

Der Essraum

Auch der Essraum ist wie die Küche im allgemeinen ziemlich dunkel, denn die tibetanischen Architekten gehen mit Fenstern nicht gerade verschwenderisch um. Dies ist jedoch eine weise Sparsamkeit in einem Land, wo der Wind heftig und die winterliche Kälte in den meisten Gebieten sehr streng sein kann und wo die Maurer und Schreiner es nur mit Mühe fertigbringen, die Häuser genügend abzudichten.

Dennoch werden auch die Wände oft dunkel, etwa in Grün-Blau gestrichen. Gewöhnlich werden sie mit Fresken oder Thankas geschmückt. Manchmal werden auch bestickte Tafeln aus chinesischer Seide aufgehängt.

Möbel gibt es nur wenige oder überhaupt keine, dafür aber um so mehr Truhen oder Gestelle. Es gibt auch keine grossen Tische, denn die Tibetaner setzen sich nie an einen gemeinsamen Tisch, nicht einmal bei einem Bankett. Vor jedem Gast steht ein kleiner Tisch, auf den die Schalen und die Teller mit den Gerichten gestellt werden. Dies ist eine allgemeine Regel, an die sich auch Bauern, Handwerker und Diener halten.

Die Tibetaner besitzen auch keine Stühle, sie setzen sich mit gekreuzten Beinen, im Lotossitz, auf quadratische Kissen. Solche Kissen machen einen wesentlichen Teil des tibetanischen Mobiliars aus. Das Spektrum reicht von grossen, prächtigen, sehr dicken Kissen über solche, die mit Quadraten aus Teppichstoff bedeckt sind, und derart mit Wolle vollgestopft sind, dass sie so hart wie Holzblöcke sind, bis zu den ganz gewöhnlichen, welche flach und in grobe Jute gehüllt sind.

Bei einem grossen Essen oder einem Bankett werden rund um den Essraum Kissenstapel verschiedener Höhe aufgerichtet.

Die Tibetaner, die sich wie gesagt niemals um einen gemeinsamen Tisch setzen, nehmen auch nicht alle auf gleich hohen Sitzen Platz. Dabei hängt die Höhe des Sitzes immer vom sozialen Rang des Gastes ab.

Wenn der Hauptgast eine hohe Persönlichkeit des zivilen oder kirchlichen Lebens ist, werden bis zu sechs oder acht Kissen zu einem Sitz aufgerichtet, so dass ein Stapel von ca. einem Meter Höhe entsteht. Will sich der Gast darauf setzen, muss er zuerst von verschiedenen auf einer Seite des Stapels als Treppe aneinandergereihten Kissen Gebrauch machen. Andere Gäste richten sich in einer ihrem sozialen Status entsprechend geringeren Höhe ein, während sich die in der sozialen Hierarchie zu unterst Stehenden auf ein einfaches, auf dem Boden liegendes Teppichquadrat oder sogar ohne Teppich direkt auf den Boden setzen müssen. Die eingeladenen Frauen nehmen neben ihren Gatten, aber auf niederen Sitzen Platz.

Die hierarchische Sitzordnung kann auch im engen Kreise adliger Familien beobachtet werden. So wird sich der älteste Sohn eines Stammesführers, mutmasslicher Erbe der väterlichen Herrschaft, auf einen höheren Kissenstapel setzen als seine Mutter. Und auch bei den Bauern wird der Ehrenplatz vom Familienvater eingenommen, selbst wenn sein Platz aus nichts weiter als aus alten, auf dem Boden ausgebreiteten, Lumpen besteht.

Der tibetanische Gast befleissigt sich selten unterwürfiger Gesten, wie sie bei den Chinesen zu den Umgangsformen gehören. Er macht keinen Hehl daraus, dass er sich für eine bedeutende Persönlichkeit hält, die einen Sitz von beachtlicher Höhe wohl verdient. Ein höherer Beamter, ein Stammesführer oder ein kirchlicher Würdenträger setzt sich ohne Umstände auf den Ehrenplatz und schaut zu, wie sich die Gäste auf der Höhe seiner Füsse ernähren, wobei diese Art von Gastfreundschaft für keinen Anwesenden etwas Eigentümliches an sich hat.

Die Höhe des schmalen Tisches, den jeder Geladene vor sich hat, entspricht der Höhe seines Sitzes; gewöhnlich reicht er nicht über seine Knie hinaus. Jeder Gast wird an seinem Tisch einzeln bedient.

Die Frage des gesellschaftlichen Vorrangs spielt manchmal auch bei Anzahl und Menge der den Gästen servierten Gerichte eine Rolle. Kostspielige, aus seltenen Produkten bestehende Speisen werden manchmal nur erlauchtesten Gästen angeboten. Solche Unterschiede können sogar bei den Mahlzeiten armer Familien beobachtet werden, in denen ein guter Bissen eine Seltenheit ist: meist wird der Vater den besten Teil beanspruchen.

Es wird von einem reichen Gemeindevorsteher berichtet (aber dies ist ein extremer Fall, der der gesamten Nachbarschaft Anlass zu Spott gegeben hat), der seinen Gästen ganz gewöhnlichen Tee einschenkte, während er sich selbst mit erstklassigem Tee bediente.

Bis auf den heutigen Tag essen die Tibetaner aus guter Gesellschaft wie die Chinesen mit Stäbchen und nicht mit den Fingern, wie es die Inder tun. Seit kurzem scheint sich jedoch der Gebrauch von importierten Gabeln auszubreiten. Jedermann hat aber Löffel und Messer; die Armen besitzen meist nur Löffel und Messer. Die einzige Ausnahme wird, wie bereits erwähnt worden ist, beim gekochten Fleisch gemacht, das mit den Fingern gegessen wird.

In Häusern, in denen elegante Diener aufwarten, werden die kleinen Suppenschalen auf einem mit einer Serviette bedeckten Tablett serviert. (Einfache Leute nehmen dagegen grosse Schalen, in die sie ihre ganze Portion auf einmal hineinschöpfen.) Ein Diener bringt das Tablett in den Essraum, ein anderer nimmt jede Schale zwischen drei Finger und trägt sie in Schulterhöhe zu den Tischen der Gäste. Er verbeugt sich tief, während er die Schale auf den Tisch stellt. Sollte dieser, entsprechend dem Niveau einer wichtigen Persönlichkeit, sehr hoch sein, so verneigt er sich erst, nachdem er die Schale abgestellt hat. In Zentraltibet mag der Diener vielleicht auch noch die Spitze seiner Zunge ein klein wenig zwischen den Lippen hervorragen lassen. Handelt es sich um eine sehr hochstehende Persönlichkeit, so wird sich der Diener, nachdem er die Schale auf den Tisch gestellt hat, rückwärtsgehend entfernen.

Die Diener stehen immer am Eingang des Esszimmers. Sie nehmen die Schalen unverzüglich weg, sobald sie leer sind, um sie je nach Wunsch wieder zu füllen. Dabei zirkuliert einer von ihnen ausschliesslich zwischen Eingang und Küche, wo er die Schalen wieder füllt, um sie am Eingang zum Esszimmer einem anderen Diener zu übergeben.

Das Frühstück

Sobald der Hausherr, der auf einem Bett aus harten, dicken, nebeneinandergelegten Kissen geschlafen hat, aufgewacht ist, ruft er seinen Kammerdiener oder, falls er keinen hat, einen seiner Bediensteten herbei. Dieser erscheint nach wenigen Augenblicken mit einer riesigen Teekanne, die er, nebst einem Becken, einem Krug mit heissem Wasser und einer kleinen, aus China oder Indien importierten Schwammserviette, auf einen eisernen Ofen stellt.

Vor dem Frühstück unterzieht sich der Herr einer kurzen Morgentoilette: er streckt seine Hände übers Wasserbecken und reibt sie im Wasser, das ihm der Diener darübergiesst, gegeneinander. Gelegentlich benützt er dazu eine ausländische Seife. Dann wird ihm eine Schale mit heissem Wasser gebracht, aus der er einen Mundvoll nimmt, um damit seine Handflächen zu bespritzen und danach mit den Händen übers Gesicht zu fahren. Nachdem er diesen Vorgang ein paarmal wiederholt hat, trocknet er sich mit dem Handtuch ab. Es ist auch möglich, dass er sich auf chinesische Art eines in kochendes Wasser getauchten und anschliessend an der Luft getrockneten Handtuchs bedient. Sobald die Toilette beendet ist, wird es Zeit zum Frühstücken.

Wenn der Hausherr eine hochstehende kirchliche oder zivile Persönlichkeit ist, trägt der Diener beim Betreten des Zimmers immer ein Stück Leinen über Nase und Mund. Denn der Atem eines sozial niederstehenden Menschen darf einen Vorgesetzten niemals berühren. Aus dem gleichen Grund halten Bedienstete oder Menschen aus dem einfachen Volk stets die Hand vor den Mund, wenn sie mit einer prominenten Persönlichkeit sprechen.

Das Frühstückmenu ist nicht jeden Tag genau dasselbe. Manchmal beginnt es mit einer Schale gebutterten Tees, ebensooft aber mit einer Tsampa- oder Reissuppe. Nun können Cha-Leb-Leb-Scheiben oder mit verschiedenen Tses gewürzter Reis folgen. Solche Unterschiede hängen nicht nur vom Appetit, sondern natürlich auch vom mehr oder weniger grossen Einkommen ab.

Nach einer kürzeren Pause nimmt ein Diener die in der Wärme auf dem Ofen gebliebene Teekanne und trägt sie auf Schulterhöhe zu seinem Herrn. Bei den Bauern oder einfachen Handwerkern ist es dagegen die Frau oder die älteste Tochter, die ihrem Gatten, resp. Vater den Tee bringt. Die Umgangsformen verlangen, dass der Diener die Kanne dabei mit der rechten Hand beim Henkel anfasst, während er mit der linken ein kleines Kissen unter den Kannenboden hält, um jede Verbrennungsgefahr zu vermeiden. Die Tasse des Herrn bleibt immer auf dem schmalen Tisch gegenüber seinem Lager, denn während des ganzen Tages wird ihm immer wieder Tee serviert. Nun schüttelt der Diener die Kanne leicht, damit sich Tee und Butter gut vermischen. Beim Einschenken muss er sich tief verbeugen. Sobald die Schale voll ist, deckt er sie zu. Wenn der Tee genügend abgekühlt ist, bietet er ihn seinem Herrn an, wobei er nur die Untertasse der Schale anfassen darf. Nachdem der Herr fertig getrunken hat, gibt er die Schale dem Diener zurück, der sie auf den Tisch stellt, füllt und wieder zudeckt.

Auf dem Tisch befinden sich nun ausserdem eine Holzkiste mit Butter und ein Sack mit Tsampa sowie ein Sack oder eine Schachtel mit geriebenem Käse für die Herstellung von Pa.

Das Tsampaklösschen wird normalerweise mit getrocknetem, in sehr kleine Stücke geschnittenem Fleisch gegessen, das mit gehackten Zwiebeln, Pfeffer und vielleicht noch Muskatnuss oder anderen aus China eingeführten Gewürzen bereichert wird; aber es kann auch zu einer kalten Suppe mit rohem Hackfleisch gegessen werden. Sehr oft werden die zum grössten Teil stark gewürzten Gerichte auch noch mit Schnaps übergossen. Nach beendeter Mahlzeit mag sich der Hausherr noch an Kabzes gütlich tun, was aber nicht bedeutet, dass er nun den Schnaps vergisst.

In den sozial höheren Schichten frühstücken die Eheleute voneinander getrennt und auch nicht mit ihren Kindern zusammen, die ihrerseits nur gemeinsam essen, wenn sie noch klein sind.

Das Personal eines grossen Hauses frühstückt fast immer in der Küche. Das Menu besteht meistens aus Tee und Tsampa. Manchmal fallen indessen ein paar Überreste von der Tafel des Hausherrn oder der Hausherrin ab, die dem Menu der Dienerschaft bei Gelegenheit hinzugefügt werden. Bedienstete, die mit dem Koch auf besonders gutem Fuss stehen, können hin und wieder auch eine Portion von einem Gericht ergattern, das er gerade zubereitet.

Das Frühstück gewöhnlicher Leute schliesslich besteht lediglich aus Tsampa.

Zwischen den tibetanischen Gourmets und ihren armen Landsleuten liegt somit eine ganze Skala von kulinarischem Reichtum und Raffinement.

Das Mittagessen

Nach dem Frühstück geht der Tibetaner seinen Geschäften nach. Er erörtert mit seinem Verwalter die Bebauung seiner Ländereien oder irgendwelche Handelsgeschäfte; alle Tibetaner treiben nämlich Handel. Oder er empfängt Besuche, geht spazieren, spielt Würfel oder ein anderes Spiel. Gehört er einem religiösen Orden an, so verbringt er seine Zeit mit der Lektüre oder der Rezitation von religiösen oder philosophischen Texten, unterrichtet Schüler, widmet sich der Meditation oder unterhält sich im Kloster mit einigen Mönchen.

Gewöhnlich wird um die Mitte des Tages gegessen. Das Mittagessen wird aber im Gegensatz zum Frühstück immer gemeinsam eingenommen. Nach der Gyatoup und den Momos steht möglicherweise Reis auf dem Menu. Oft wird er von verschiedenen Tses begleitet, die aber auch allein oder zu Tsampa gegessen werden können. Zusammen mit Reis kann in Butter gebackener Käse serviert werden, oder es können gebackene Hornissenlarven aufgetragen werden. Tibetaner, die auf elegante Manieren Wert legen, lassen wie die Chinesen zwischen den anderen Gerichten einen Teller mit Süssigkeiten, d. h. entweder Desis oder Toumas, auftragen. Ein einfaches Familienessen kann mit einer solchen Süssspeise beendet werden, ohne dass noch Kabzes oder Früchte folgen müssen.

Das Abendessen

Was das Abendessen der Tibetaner betrifft, so muss der Leser, der mit den Beschreibungen der kulinarischen Vielfalt von Frühstück und Mittagessen vielleicht schon zu sehr verwöhnt wurde, nun enttäuscht werden. Das tibetanische Abendessen besteht nämlich in der Regel aus nichts weiter als einer nahrhaften Suppe, meist Gyatoup. Diese Tatsache ist wohl kaum einer erschöpften Phantasie zuzuschreiben, viel eher einer noch vorhandenen instinktiven Empfindung für den Zusammenhang von leichtem Essen und ungestörtem Schlaf. Allerdings wird die Magerkeit der Abendmahlzeiten durch die vielen Feiern und Festlichkeiten, die die Tibetaner fast im Übermass veranstalten, bis zu einem gewissen Grad wieder ausgeglichen.

Die Festlichkeiten

In Indien, im alten China und sogar noch heute bei den Chinesen, die die alten Traditionen bewahrt haben, nehmen die Frauen an Banketten und Bällen niemals teil. Abgesehen von einigen abgelegenen Ortschaften, an denen Bauern und rückständige Pastoren den gesellschaftlichen Ton angeben, kann man sie dagegen in Tibet bei solchen Anlässen überall antreffen.

Auf grossen tibetanischen Banketten erscheinen manchmal an japanische Geishas erinnernde charmante junge Mädchen, die Tchangmas. Da sie zumeist nicht aus wohlhabenden Schichten kommen, stellt man ihnen für das Bankett kostbaren Schmuck und prächtige Kleider zur Verfügung. Ihre Aufgabe ist im Gegensatz zu derjenigen der Geishas ziemlich einfach und erfordert keinerlei besondere Begabung: sie besteht darin, die Gäste zum Trinken zu animieren, obwohl diese dazu kaum einer Ermunterung bedürfen, denn ihre Neigung zum Alkohol scheint von Natur aus gross genug zu sein. Dennoch ist der insistierende Charme ihrer Betreuung fast so etwas wie ein Massstab für die Gastfreundschaft des Hausherrn.

In Häusern, in denen man sich keine Tchangmas leisten kann, wird deren Funktion von den ranghöchsten Bediensteten übernommen, z. B. von den Kammerfrauen der Hausherrin. Und bei Leuten mit noch bescheidenerem Lebensstil wird die Rolle der Tchangmas den Töchtern der eigenen Familie übertragen.

Sollten sich zufälligerweise gerade Berufskomödianten — sie heissen Adji Lhamo — im Ort aufhalten, wird man sie bitten, nach dem Bankett eine Vorstellung zu geben. Dann machen es sich die Hausherren, die Nachbarn, Freunde und das Dienstpersonal auf den galerieartigen Balkons, von denen die Höfe grosser tibetanischer Häuser umgeben sind, oder im Hof selber, bequem, wobei die Hofmitte als Bühne für die Schauspieler dient. Möglicherweise wird auch noch ein vorbeiziehender oder in der Nähe wohnende Sänger zum Bankett eingeladen. Man fordert ihn nach dem Essen auf, einige Verse aus dem Heldenepos von Gesar de Ling[6] oder aus dem Hochzeitsgedicht von König Srong Bstan Gampo[7] und der chinesischen Prinzessin Wen Chen vorzusingen. Wenn dagegen keine Künstler vorhanden sind, so werden die Gäste deren Rolle selber übernehmen: einer von ihnen improvisiert ein kurzes Gedicht — meist vier bis sechs Verse lang —, auf das ein anderer Gast mit einem anderen Gedicht antwortet, dessen Sinn mit dem eben zitierten, oder vielmehr gesungenen, übereinstimmen muss.

Auf das Festessen und die künstlerischen Darbietungen folgt in der Regel ein Ball. Denn in Tibet wird viel getanzt, bei den Bauern ohne grosse Umstände, aber mit grossem Stil bei den Angehörigen höherer Gesellschaftsklassen. Bei den einen wie bei den anderen nehmen sowohl Männer und Frauen am Tanz teil, wobei sie sich aber gegenseitig nicht berühren dürfen. Nun gehen die Tänzer einer hinter dem anderen in rhythmischen Schritten im Saal herum und schlagen mit den Füssen den Takt, während sie ihre Schärpen hin- und herbewegen. Dabei singen und antworten sie sich gegenseitig, während ein eigentliches Orchester sehr selten anzutreffen ist.

Im Verlauf des Banketts sind von den Dienern diverse mit Schnaps gefüllte Schalen bereitgestellt worden, auf deren Rand sie mit dem Daumen mehrere Butterstückchen geklebt haben.

Die Anzahl der Butterstückchen gibt jeweils die Anzahl Schalen an, die der Gast, dem eine solche Schale gebracht wird, hintereinander zu leeren hat. Wenn nun die ganze Gesellschaft Tanz und Gesang hingegeben ist, versuchen die Tchangmas, bestimmte Tänzer im Vorübergehen anzuhalten und ihnen eine Schale Schnaps zu offerieren, die mit einer mehr oder weniger grossen Zahl von Butterstückchen beklebt ist. In ihrem sicheren Spürsinn wenden sie sich mit Vorliebe an solche Tänzer, deren Beine bereits zu wanken beginnen. Das Opfer, dem diese Tortur aber nicht allzusehr zu missfallen scheint, trinkt nun Schluck für Schluck die gesamte, von den Butterstückchen angegebene Anzahl Schalen aus, natürlich zur allgemeinen Erheiterung der übrigen Gesellschaft. Und so muss am Ende des Banketts mehr als nur ein Gast vollkommen betrunken nach Hause gebracht werden. Die Angehörigen werden sich zwar sehr verwundert zeigen, sich aber gleichzeitig darüber geschmeichelt fühlen, dass er so gut behandelt worden ist.

Derartige Feste werden jedoch nur von hohen Beamten oder adeligen Grossgrundbesitzern veranstaltet, obwohl sie gelegentlich auch von reichen Kaufleuten imitiert werden. Aber natürlich sind nicht sämtliche Tibetaner Vielfrasse. Viele leben nüchtern und in strenger Abgeschiedenheit, und besonders bei den Intellektuellen ist vollkommene Enthaltsamkeit die allgemeine Regel.

Tote, Götter und Dämonen

Was die Toten essen

Ein Tibetaner hat selbst noch nach seinem Tod einen anständigen Appetit, zumindest ist man davon im Lande des ewigen Schnees überzeugt. Nach Ansicht der Schamanenvorfahren der heutigen Tibetaner, deren Glaubensinhalte vor allem bei einigen tibetanischen Buddhisten noch fortleben, besitzt jedes Individuum ein Doppel, das aus einer feineren Substanz besteht als der sichtbare Körper. Das Doppel soll den groben materiellen Körper um eine mehr oder weniger lange Zeit überleben, und zwar mit allen Wünschen, Begierden und Charaktereigenschaften, die den Verstorbenen während seines Lebens gekennzeichnet hatten. Die Ernährung des Doppels soll aber nicht nur die noch vorhandenen Ess- und Trinkgelüste befriedigen, sondern ihm vor allem für die Reise ins Jenseits Kraft zuführen. Für die Tibetaner ist dieses Jenseits nicht wie für uns Abendländer eine weit entfernte Welt, sondern eine Welt, die an diejenige der Lebenden unmittelbar angrenzt. Es ist sogar dieselbe Welt, nur kann sie unter normalen Umständen nicht wahrgenommen werden.

Sobald ein Tibetaner gestorben ist, wird sein Leichnam in einem Zimmer mit verschränkten Armen und gekreuzten Beinen in die für jeden Tibetaner gewohnte Lotusstellung gebracht. Der Leichnam selbst bleibt unter mehreren Kleidungsstücken und den Schärpen, in die er eingewickelt ist, verborgen. Damit er in dieser aufrechten Haltung verbleiben kann, muss er aber noch zusätzlich angebunden werden. Bevor nun ein Gericht vor den Toten auf einen Tisch gestellt wird, spritzt ein Lamapriester mit einem Weihwedel klares Wasser darüber. Unterdessen beginnen Lamamönche damit, bestimmte Passagen aus dem Totenbuch (Bardo Thödol) vorzusingen. Sie sollen dem Geist des Verstorbenen eine Orientierung geben für die verschiedenen Etappen seiner Reise, die schliesslich in einer Wiedergeburt unter den Menschen oder einer anderen Art von Lebewesen einmündet. Obwohl der Geist des Verstorbenen nicht mit dem Doppel identisch ist und daher keinerlei Nahrung bedarf, wird bei den einfachen Leuten zwischen den beiden kein Unterschied gemacht. Sie glauben einfach, dass der aus seinem Körper ausgetretene Tote sowohl ernährt wie belehrt werden will. Da im übrigen auch die Mönche und deren Begleiter bei einer Beerdigungsfeier mit einem schmackhaften Essen rechnen, hat die Familie des Verstorbenen oft alle Mühe, Tote wie Lebende zufriedenzustellen.

Ein winziger Teil von jeder Speise, die sich auf dem Tisch vor dem Toten befindet, wird, mit Butter und Tsampa vermischt, ins Freie gebracht und auf Kohlenglut verbrannt. Sobald das Doppel beginnt, sich aus seiner engen Bindung an den Toten zu befreien, ist es imstande, auch die Nahrungsdüfte dieser ausserhalb des Zimmers verbrannten Speisen aufzunehmen.

Nachdem man die Leiche eingeäschert oder den Geiern überlassen hat, stellt die Familie ein Bildnis des Verstorbenen her. Mit Holzlatten wird ein Kreuz aufgerichtet und mit den Kleidern des Toten bekleidet. Auf das obere Ende der Latte wird ein Stück Papier geklebt, das den Kopf darstellen soll. Dabei kann es sich um ein gezeichnetes oder gemaltes Porträt des Toten handeln, doch beschränkt man sich meistens darauf, eines der vorgedruckten Blätter zu kaufen, von denen es für die Männer und für die Frauen verschiedene Modelle gibt. In jedem Fall bleibt auf dem Blatt ein Raum ausgespart, in den der Name des Verstorbenen hineingeschrieben wird. Das Bildnis nimmt nun den Platz des Toten ein und wird wie dieser weiterhin mit Gyatoup, schmackhaften Momos, Desi, Kabzes usw. bewirtet. Ebenso fährt man damit fort, winzige Speisemengen mit Tsampa und Butter zu vermischen und im Freien zu verbrennen. Dabei darf natürlich auch nicht vergessen werden, alle Speisen zuvor mit etwas Wasser zu bepritzen. Nach 49 Tagen wird das Bildnis verbrannt, und der Verstorbene hört damit auf, regelmässig zu essen. Das Doppel hat sich nun vollständig aufgelöst, und der Tote ist bereits wiedergeboren. Dieser Zeitraum entspricht genau den Angaben des Bardo Thödols.

Ausser bei den ausgesprochen reichen Leuten wird indessen wohl kaum jemand die Totenrituale so lange hinziehen. Normalerweise wird das Bildnis schon nach drei Tagen verbrannt. Danach muss das Doppel für den Rest seiner Existenz eben fasten.

Manchmal werden die Speisen, die man einem Toten serviert hat, später weggeworfen. Die meisten Tibetaner gebrauchen sie aber, sobald sie den Tisch des Verstorbenen wieder abgeräumt haben, für eine ihrer eigenen Mahlzeiten. Und falls die Hausherren darauf verzichten sollten, so werden sich die Diener oder bedürftige Nachbarn eine gute Mahlzeit kaum entgehen lassen, selbst wenn der Tote schon zu riechen begonnen hat.

Es kann aber auch vorkommen, dass sich das Doppel während einer abnorm langen Zeit nicht reinkarniert und statt dessen zu einem Vampir oder zu einem Dämonen wird, der nichts anderes im Sinne hat, als sich in dieser Form am Leben zu erhalten, und zwar auf Kosten all derer, die ihm nahegestanden haben. Und da die Tibetaner vor einer solchen Gefahr grosse Angst haben, sorgen sie dafür, dass ihre Toten keinen Hunger leiden.

Was die Geister und Gottheiten essen

Obwohl die tibetanischen Gottheiten und Geister über die gewöhnlichen Menschen weit erhaben sind, zeigen sie dennoch keinen Abscheu vor irdischer Nahrung. Wie die braven Leute dieses und vieler anderer Länder meinen, sind sie sogar auf sie angewiesen. Unter den Menus, die geeignet sind, sie zufriedenzustellen, figuriert an erster Stelle der Weihrauch, entweder in Form von Räucherstäbchen oder in Form von aromatischen Kräutern, die billiger sind. Zur Verbrennung dieser wie übrigens sämtlicher Opfergaben, die eingeäschert werden, wird ein kleiner, runder Ofen in einen Mauerwinkel oder auf eine dafür speziell vorgesehene Säule gebaut. Fehlt ein Ofen, so übernimmt ein alter Krug dessen Funktion. Der wohlduftende Rauch allein genügt aber nicht, um die Gottheiten und Götter zu sättigen, deshalb werden auch noch getrocknete oder frische Früchte, Süssigkeiten, Kandiszucker, rohes Getreide sowie Schalen mit klarem Wasser offeriert. Die Nagas brauchen ausserdem noch Milch. Und wenn in einem magischen Ritual eine Gottheit sogar aufgefordert wird, auf dem für sie zugerichteten Sitz Platz zu nehmen, werden ihr konische Tsampakuchen, die mit Butterringen verziert sind, als Mahlzeit angeboten.

Auch die Yidgas, eine seltsame Art unglücklicher Wesen, verlangen Nahrung. Man stellt sich vor, dass sie einen riesigen Körper haben, der von einem fadendünnen Hals überragt wird, mit einem Mund, dessen Öffnung so eng ist wie ein Nadelöhr. Der erbärmliche Zustand dieser Unglücklichen ist die Strafe für schlechte Handlungen, die sie im Verlaufe ihres Lebens begangen hatten. Die Yidgas haben einen gigantischen Appetit, den sie wegen der Kleinheit ihres Mundes aber nicht befriedigen können. Ausserdem verwandeln sich alle Nahrungsmittel, selbst das Wasser, sobald sie sie berühren wollen, sogleich in Flammen. Fromme und mildtätige Menschen bemühen sich, den unaufhörlich quälenden Hunger dieser Verdammten zu stillen: nachdem sie sie durch den Klang winziger, speziell dazu bestimmter Zymbeln angelockt haben, legen sie etwas Nahrung in eine gleichfalls sehr winzige Schale und rezitieren dazu rituelle, heilige Segenssprüche, wodurch verhindert werden soll, dass sich das Wasser und die Nahrungsmittel in Flammen verwandeln.

Was die Dämonen essen

Einige tibetanische Mystiker schliessen in ihrer universellen Nächstenliebe auch die Dämonen ein. Es kommt ihnen nicht darauf an, dass die Dämonen böse Wesen sind; sie leiden, und deshalb muss ihnen geholfen werden. Eine solche Haltung ist jedoch sehr selten anzutreffen. Das übliche Motiv, weshalb die Tibetaner die Dämonen ernähren, ist die ziemlich verbreitete Angst vor den Wirkungen der Unzufriedenheit dieser Rachegeister, insbesondere die Angst, der hungrige Dämon könnte versuchen, sich auf ihre Kosten zu ernähren und sich einen Teil ihrer feineren Lebenssubstanz aneignen.

Die Mahlzeiten, die den Dämonen in Form von Opfergaben dargebracht werden, stehen mit dem grausamen Charakter, den man ihnen zuschreibt, durchaus in Übereinstimmung: sie bestehen gewöhnlich aus Blut und einem Stück Fleisch. Die Speise wird ihnen in einer kleinen Schale ausserhalb der Wohnung offeriert; das Fleisch kann aber auch in einem der bereits erwähnten Öfen eingeäschert werden. Der schlechte Geruch, der sich bei der Verbrennung ausbreitet, soll von diesen bösen Geistern begierig eingeatmet werden. Manchmal wird ihnen an Stelle von Fleisch und Blut auch Alkohol angeboten. Die Angst, die die Tibetaner vor den Dämonen haben, hält sie nicht ab, sie sogar mit ungeniessbaren «Mahlzeiten» an der Nase herumzuführen.

Wenn in einem Hause jemand stirbt, so glauben die Familienangehörigen sehr oft nicht, dass der Tod eine natürliche Ursache haben könnte; sie vermuten, dass ein Erddämon die Hand im Spiel haben müsse. Dieser Dämon könnte nun aber zurückkehren, um einen weiteren Mord zu begehen, dessen Opfer vielleicht einer unter ihnen sein würde. Vielleicht versteckt er sich im Fundament des Hauses. Vielleicht gibt es dort sogar mehrere Dämonen? Sie müssen vertrieben werden! Zu diesem Zweck erhitzt man einen grossen Stein. Wenn er rotglühend ist, ergreift man ihn mit Zangen und begibt sich in eine Ecke des Zimmers. Nun ruft man den Dämon herbei, um ihn zum Essen einzuladen: «Schau, hier haben wir ein grosses, fast durchgebratenes Stück Fleisch für dich. Schliess die Augen und sperr deinen Mund auf.» Der Dämon, mit dessen Dummheit immer gerechnet wird, schliesst die Augen und sperrt den Mund weit auf. Unterdessen ist ein tiefes Loch in die Erde gegraben worden, und der Grund dieses Lochs ist nichts anderes als der sich öffnende Mund des Dämons. Nun wird der glühende Stein hinabgeworfen; der Schmerz, den der Unglückliche erleidet, lässt ihn sogleich die Flucht ergreifen. Derselbe Vorgang wird in den drei übrigen Ecken des Zimmers wiederholt. Und so kann man schliesslich wieder ungestörteren Zeiten entgegengehen…

ANHANG

Kleines Lexikon tibetanischer Ausdrücke

Adji Lhamo	Berufskomödianten
Ama Chinto	Kakifrucht
Ambag	Tasche, die vom grossen, bei der Taille mit einem Gurt verengten tibetanischen Gewand auf der Brust gebildet wird.
Cha Leb Leb	Feine Fleischscheiben, die während einiger Sekunden in heisse Butter getaucht werden.
Chayip	Fleisch mit einem leichten Stich
Cho	Yoghurt
Desi	Süssspeise, bestehend aus Reis mit Rosinen
Dis	Kuh (Yak)
Djoua	Kuhmist (Yak)
Do Kara	Kandiszucker
Dong	Hausstier
Dou Gni	Tee zweiter Qualität
Dou Soum	Tee dritter Qualität
Dou Tang	Tee erster Qualität
Gyatoup	Chinesische Nudelsuppe
Kabzes	Gebäck, in Butter oder Öl gebacken
Kara	Zucker
Kar Tcheu	Sogenannte weisse, d. h. reine Nahrungsmittel (im Gegensatz zu Fleisch): Milchprodukte, Getreide, Mehl, Gemüse, Früchte
Kong Lapous	Karotten
Lapous	Rettich
Lous	Wassergottheiten (indisch: Nagas)

Momos	Fleischpasteten, auch als Opfergaben verwendet
Namches	Bewusstseinsfähigkeit der Menschen und Tiere
Ngari Khambou	Aprikosen
Nyeundo/Yeundo	Weisse Steckrüben
Pa	Längliches Teigklösschen aus Tsampa
Pechis	Minimomos
Petsais	Chinesischer Kohl
Rimas	Ziegen- und Schafsmist
Taibang	Pferdemist
Ta-Tchou	Der stärkste aus China eingeführte Alkohol
Tchang	Bier
Tchangma	Mädchen, mit der Aufgabe betraut, bei den Banketten die Gäste zum Trinken zu animieren
Tchathang	Teesud
Tchima Kara	Puderzucker
Tchocolete	Wilde, auf rund 3000 m wachsende Rhabarber
Tchong-Tsi	Getrocknete Hefe
Thanka	Auf Seide gemalte Meditationsbilder, die zusammengerollt werden können, vgl. die japanischen Kakemonos
Toumas	Wurmförmiger Wurzelstock mit einem Kastaniengeschmack, Süssspeise
Tsampa	Geröstetes Gerstenmehl

Tse	Ragout, Salat
Yidag	Unsichtbare, nach dem Tod zu quälendem Hunger und Durst verurteilte Wesen
Zomos	Weibchen, aus der Kreuzung von Dongs mit nicht behaarten Kühen (oder umgekehrt) resultierender Bastard

Anmerkungen

1 Es handelt sich um den 13. Dalai Lama, der am 17. Dezember 1933 starb.

2 Das Manuskript ist noch vor der Besetzung Tibets durch die Chinesen abgefasst worden.

3 Bei der mit Namches bezeichneten Bewusstseinsfähigkeit von Tier und Mensch scheint es sich um etwas Ähnliches zu handeln wie beim sogenannten Doppel, das im Kapitel «Was die Toten essen» beschrieben wird, wenn hier nicht einfach zwei verschiedene Namen für dieselbe Sache gebraucht werden.

4 Dieser Jenseitsführer ist das klassische Bardo Thödol, das Tibetanische Totenbuch. Siehe Kapitel «Was die Toten essen».

5 Eigentlich kann nur Knorpel in der beschriebenen Art gekocht werden, allenfalls noch (Kalbs-) Fuss oder Brustbein.

6 Gesar de Ling: Held des berühmtesten tibetanischen Nationalepos.

7 Srong Bstan Gampo, der im 17. Jh. regierte, ist einer der berühmtesten tibetanischen Könige.

8 Die in diesem Kapitel beschriebenen Praktiken gehen auf den Schamanismus zurück, dessen Anhänger die alten Tibetaner waren. Sie sind heute meist nur noch in einer degenerierten Form anzutreffen.

Verzeichnis der Abbildungen

Illustrationen zu den Hauptkapiteln
von Roland Jung

200 Seiten, gebunden, 28.—

Alexandra David-Neel, die bedeutende Orientalistin, die als Philosophin und Schriftstellerin jahrzehntelang Asien bereiste, in Tibet in esoterische Praktiken eingeführt und wahrscheinlich als einzige Europäerin in den Stand eines Lama erhoben wurde, gibt eine Einführung in die Gedankenwelt des Buddhismus, Hinduismus und die Magie vor-lamaistischer Zeit, und erzählt gleichzeitig eine faszinierende und geheimnisvolle Liebesgeschichte.

SPHINX